道路运输行业培训系列教材

CHUZU QICHE HANGYE GUANLI
ZHENGCE FAGUI BIAOZHUN HUIBIAN

出租汽车行业管理
政策法规标准汇编

本书编写组　编

人民交通出版社股份有限公司
China Communications Press Co.,Ltd.

内 容 提 要

本书根据我国出租汽车行业管理的实际情况,并结合编写人员多年的出租汽车管理培训经验,汇编了涉及我国出租汽车管理的政策文件、法律法规和标准规范。

本书是涉及我国出租汽车行业管理政策法规标准的综合资料,它既是各级出租汽车管理部门及管理人员依法行政、依法管理和科学规范执法的依据,又是出租汽车企业负责人、管理人员依法经营、依法运输的学习及培训材料。

图书在版编目(CIP)数据

出租汽车行业管理政策法规标准汇编/《出租汽车行业管理政策法规标准汇编》编写组编. —北京:人民交通出版社股份有限公司, 2018.3

ISBN 978-7-114-14568-1

Ⅰ.①出… Ⅱ.①出… Ⅲ.①出租汽车—行业管理—政策—汇编—中国②出租汽车—旅客运输—交通运输管理—法规—汇编—中国③出租汽车—旅客运输—交通运输管理—标准—汇编—中国 Ⅳ.①F542②D922.149

中国版本图书馆CIP数据核字(2018)第032979号

书　　名:出租汽车行业管理政策法规标准汇编
著 作 者:本书编写组
责任编辑:姚　旭
出版发行:人民交通出版社股份有限公司
地　　址:(100011)北京市朝阳区安定门外外馆斜街3号
网　　址:http://www.ccpress.com.cn
销售电话:(010)59757973
总 经 销:人民交通出版社股份有限公司发行部
经　　销:各地新华书店
印　　刷:北京鑫正大印刷有限公司
开　　本:787×1092　1/16
印　　张:12.25
字　　数:270千
版　　次:2018年3月　第1版
印　　次:2018年3月　第1次印刷
书　　号:ISBN 978-7-114-14568-1
定　　价:35.00元
(有印刷、装订质量问题的图书由本公司负责调换)

主　任: 姜明虎　常连玉

主　编: 丁　宇

副主编: 孙伟伟

成　员: 高卫星　黄少波　杨晓红　穆尚仑　邓一凡

前言

干部教育培训是建设高素质干部队伍的先导性、基础性、战略性工程。交通运输行业干部教育培训是提高交通运输行业干部队伍素质，保障实现交通运输行业可持续发展和建设交通强国的关键。"十三五"及未来一段时期将是交通运输行业贯彻五大发展理念、加强法治政府部门建设、加快供给侧改革、实现行业治理体系和治理能力现代化的重要时期，各级交通运输部门将面临转型升级、结构调整、提质增效、推进综合交通运输体系建设的艰巨任务。交通运输作为经济社会发展的先行官，迫切需要建设一支适应"四个交通"发展的高素质的干部队伍。部党组高度重视干部教育培训工作，强调要通过集中轮训、专题培训、岗位培训、网络培训等方式，突出重点，统筹推进各级各类干部教育培训。目前交通运输行业迫切需要一套体系完整的行业干部教育培训系列教材。

交通运输部管理干部学院按照部党组的要求，贯彻《干部教育培训工作条例》，适应不同类别干部教育培训的需要，着眼于提高干部综合素质和能力，逐步建立开放的、形式多样的、具有时代特色的干部教育培训教材体系。学院全面推进正规化建设，高度重视培训教材建设，组织开发了道路运输行业培训系列教材。《出租汽车行业管理政策法规标准汇编》是系列培训教材中的一本。

本书根据我国出租汽车行业管理的实际情况，并结合编写人员多年的出租汽车管理培训经验，全面汇编了这部涉及我国道路货运超限超载治理的政策文件、法律法规和标准规范，以便从事出租汽车管理工作的领导干部和管理人员参考学习。

由于编写水平有限，存在不足之处，敬请批评指正。

本书编写组

2018 年 3 月

第一部分　政策文件

第二部分　法律法规

第三部分 标准规范

第一部分

政策文件

1.《国务院办公厅关于进一步促进道路运输行业健康稳定发展的通知》(国办发〔2011〕63号)(节选)

国务院办公厅关于进一步促进道路运输行业健康稳定发展的通知

各省、自治区、直辖市人民政府,国务院各部委、各直属机构:

为妥善应对成品油价格大幅波动对道路运输行业的影响,合理调控运力增长,维护市场正常竞争秩序,减轻经营者和从业人员负担,促进道路运输行业健康稳定发展,经国务院同意,现就有关工作通知如下:

一、提高思想认识,高度重视道路运输行业健康稳定发展

道路运输(包括道路客货运输、城市公交和出租汽车等)是现代综合运输体系的基础,是国民经济的重要产业,也是重要的服务行业,在保障经济和社会发展、满足城乡客货运输需求、方便人民群众便捷出行等方面发挥了重要作用,同时为社会提供了大量就业岗位。维护正常的道路运输市场秩序,事关经济社会发展全局。各级人民政府和有关部门要高度重视,及时采取有效措施,研究解决行业发展中存在的突出矛盾和问题,统筹道路运输行业发展规划,完善和落实相关优惠政策,建立健全运输价格与成品油价格联动机制,加强市场监管,促进道路运输行业健康稳定发展。

二、清理和规范收费,减轻道路运输经营者和从业人员负担

各级人民政府及其有关部门要对涉及道路运输的各类收费项目进行全面清理。加强行政事业性收费管理,凡未经国务院和省级人民政府及其财政、价格主管部门批准设立的行政事业性收费项目,要一律取消。对按规定程序审批设立的行政事业性收费项目,收费标准过高的要适当降低。经营服务性收费必须遵循公平、自愿原则,并严格执行明码标价的规定。要全面清理港口、船公司、船舶代理、货运代理、道路客货运站场、货运配载中心等针对道路客货运输司机收取的经营服务性收费。严禁任何部门和单位,借经营服务性收费名义,向道路客货运输司机强行收取任何费用。要加大对涉及道路运输行业的各类行政事业性和经营服务性收费的监督检查力度,一经发现违法违规收费行为,要依照有关法律法规严肃处理。各省(区、市)人民政府要按照交通运输部等五部委《关于开展收费公路专项清理工作的通知》(交公路发〔2011〕283号)要求,深入开展收费公路违规及不合理收费专项清理工作。

三、建立完善运价和油价联动机制,消化油价大幅波动对运输成本的影响

各级人民政府要建立健全道路客运、出租汽车运价与成品油价格联动机制,通过及时调

整运价或燃油附加费等方式，妥善疏导因成品油价格大幅波动造成的运输成本变动影响。交通运输、价格主管部门要充分发挥行业协会作用，积极指导其采取依法合规、符合市场规则的方式，将分散的道路货运经营者组织起来，提高经营者议价地位和能力，指导道路货运经营者实行运输价格与成品油价格联动；及时调查、测算道路货物运输平均合理成本并定期向社会公布，作为承托运双方进行议价的重要依据，促进合理运输价格的形成。各地交通运输、价格等部门要规范道路货物运输合同文本，明确承托运双方的责任义务、运费结算以及运价与油价联动机制。要加大对货运合同履行情况的监督检查力度，依法查处合同违约行为。

四、完善和落实优惠政策，支持道路运输行业加快发展（略）

五、加强道路货运行业动态监测，完善运力调控机制（略）

六、落实企业安全主体责任，推动道路运输行业安全发展

各级交通运输、公安、安全监管等部门要督促道路运输企业落实安全生产主体责任，加大安全生产资金投入，明确安全岗位责任制，开展安全生产标准化建设。要在现有全国道路运输车辆联网联控系统的基础上，进一步强化道路运输车辆安全监管与服务功能，切实加强对长途客运车辆、重型货运车辆、危险品运输车辆的动态监管。道路运输企业要加强对营运车辆的动态监管，严格按规定强制安装具有行驶记录功能的卫星定位装置，并接入全国联网联控系统，配备专职人员实时监控车辆行驶状态。要加强对驾驶员的安全教育管理和监督，加强对营运车辆的维护保养。客运站场要严格管理制度，落实安检责任。交通运输部要会同保监会、安全监管总局等部门抓紧研究建立道路运输企业交通事故赔偿互助保障机制，增强企业抗风险能力。

七、关心职工生活，保障道路运输从业人员合法权益

各级交通运输管理部门要会同人力资源社会保障部门，指导、督促道路运输企业与司机依法建立劳动关系，明确双方权利义务，维护双方合法权益；严禁向司机收取高额风险抵押金和保证金，转嫁投资和经营风险；充分发挥工会对维护职工权益的作用，建立工资增长的协商制度。交通运输主管部门要进一步转变工作作风，组织干部经常深入到道路客货运输企业、公交企业、出租汽车企业、客货运输站场和从业人员中间，采取座谈、走访等多种形式，及时了解掌握职工的思想动态和利益诉求，切实帮助解决生产生活中的实际困难和问题。

八、加强行业协会建设，充分发挥行业协会桥梁和纽带作用

民政部要会同交通运输部等部门逐步理顺城市公交和出租汽车全国性行业协会管理体制，并指导各地根据实际需要建立完善道路运输、城市公共交通和出租汽车等行业协会组织。行业协会要紧密联系道路运输企业和广大从业人员，加强调查研究，密切跟踪掌握企业发展中遇到的困难，了解广大从业人员的思想动态，及时向政府有关部门反映企业和从业人员的利益诉求，并有针对性地做好国家有关法律法规和政策措施的宣传解释工作。要全面掌握道路运输车辆实载率、运输成本、运价、经营收益、从业人员收入等情况，向交通运输部门客观反映行业发展动态。

九、落实工作责任，有效防范和妥善处置突发事件

各城区、各有关部门要按照属地管理和“谁主管、谁负责”的原则，妥善做好道路运输行业突发事件的防范处置工作。各级人民政府要督促道路运输企业切实落实企业主体责任，对因疏于管理或管理不当引发非法聚集等不稳定事件的，要视情责令企业停业整顿，情节严重的要依法追究企业负责人的责任；指导督促有关方面加强行业稳定风险排查，及时解决道路运输从业人员的合理诉求，对于出现的不稳定苗头和问题，要第一时间快速反应，及时稳妥处置，避免激化矛盾，防止事态扩大。对借机从事打砸抢烧等违法犯罪活动的，要及时依法予以处置。要积极宣传成品油价格调整后，各级人民政府及其有关部门采取的运价油价联动、财政补贴、减轻不合理负担等措施，正确引导舆论，为道路运输行业健康稳定发展创造良好环境。

中华人民共和国国务院办公厅

2011 年 12 月 26 日

2.《国务院办公厅关于深化改革推进出租汽车行业健康发展的指导意见》(国办发〔2016〕58号)

国务院办公厅关于深化改革推进出租汽车行业健康发展的指导意见

各省、自治区、直辖市人民政府,国务院各部委、各直属机构:

为贯彻落实中央关于全面深化改革的决策部署,积极稳妥地推进出租汽车行业改革,鼓励创新,促进转型,更好地满足人民群众出行需求,经国务院同意,现提出以下意见。

一、指导思想和基本原则

(一)指导思想。深入贯彻党的十八大及十八届二中、三中、四中、五中全会精神和习近平总书记系列重要讲话精神,落实党中央、国务院决策部署,按照"五位一体"总体布局和"四个全面"战略布局,牢固树立和贯彻落实创新、协调、绿色、开放、共享的发展理念,充分发挥市场机制作用和政府引导作用,坚持优先发展公共交通、适度发展出租汽车的基本思路,推进出租汽车行业结构改革,切实提升服务水平和监管能力,努力构建多样化、差异化出行服务体系,促进出租汽车行业持续健康发展,更好地满足人民群众出行需求。

(二)基本原则。

坚持乘客为本。把保障乘客安全出行和维护人民群众合法权益作为改革的出发点和落脚点,为社会公众提供安全、便捷、舒适、经济的个性化出行服务。

坚持改革创新。抓住实施"互联网+"行动的有利时机,坚持问题导向,促进巡游出租汽车转型升级,规范网络预约出租汽车经营,推进两种业态融合发展。

坚持统筹兼顾。统筹公共交通与出租汽车,统筹创新发展与安全稳定,统筹新老业态发展,统筹乘客、驾驶员和企业的利益,循序渐进、积极稳慎地推动改革。

坚持依法规范。正确处理政府和市场关系,强化法治思维,完善出租汽车行业法规体系,依法推进行业改革,维护公平竞争的市场秩序,保护各方合法权益。

坚持属地管理。城市人民政府是出租汽车管理的责任主体,要充分发挥自主权和创造性,探索符合本地出租汽车行业发展实际的管理模式。

二、明确出租汽车行业定位

(三)科学定位出租汽车服务。出租汽车是城市综合交通运输体系的组成部分,是城市公共交通的补充,为社会公众提供个性化运输服务。出租汽车服务主要包括巡游、网络预约等方式。城市人民政府要优先发展公共交通,适度发展出租汽车,优化城市交通结构。要统筹发展巡游出租汽车(以下简称巡游车)和网络预约出租汽车(以下简称网约车),实行错位发展和差异化经营,为社会公众提供品质化、多样化的运输服务。要根据大中小城市特点、社会公众多样化出行需求和出租汽车发展定位,综合考虑人口数量、经济发展水平、城市交通拥堵状况、出租汽车里程利用率等因素,合理把握出租汽车运力规模及在城市综合交通运输体系中的分担比例,建立动态监测和调整机制,逐步实现市场调节。新增和更新出租汽车,优先使用新能源汽车。

三、深化巡游车改革

(四)改革经营权管理制度。新增出租汽车经营权一律实行期限制,不得再实行无期限制,具体期限由城市人民政府根据本地实际情况确定。新增出租汽车经营权全部实行无偿使用,并不得变更经营主体。既有的出租汽车经营权,在期限内需要变更经营主体的,依照法律法规规定的条件和程序办理变更手续,不得炒卖和擅自转让。对于现有的出租汽车经营权未明确具体经营期限或已实行经营权有偿使用的,城市人民政府要综合考虑各方面因素,科学制定过渡方案,合理确定经营期限,逐步取消有偿使用费。建立完善以服务质量信誉为导向的经营权配置和管理制度,对经营权期限届满或经营过程中出现重大服务质量问题、重大安全生产责任事故、严重违法经营行为、服务质量信誉考核不合格等情形的,按有关规定收回经营权。

(五)健全利益分配制度。出租汽车经营者要依法与驾驶员签订劳动合同或经营合同。采取承包经营方式的承包人和取得经营权的个体经营者,应取得出租汽车驾驶员从业资格,按规定注册上岗并直接从事运营活动。要利用互联网技术更好地构建企业和驾驶员运营风险共担、利益合理分配的经营模式。鼓励、支持和引导出租汽车企业、行业协会与出租汽车驾驶员、工会组织平等协商,根据经营成本、运价变化等因素,合理确定并动态调整出租汽车承包费标准或定额任务,现有承包费标准或定额任务过高的要降低。要保护驾驶员合法权益,构建和谐劳动关系。严禁出租汽车企业向驾驶员收取高额抵押金,现有抵押金过高的要降低。

(六)理顺价格形成机制。各地可根据本地区实际情况,对巡游车运价实行政府定价或政府指导价,并依法纳入政府定价目录。综合考虑出租汽车运营成本、居民和驾驶员收入水平、交通状况、服务质量等因素,科学制定、及时调整出租汽车运价水平和结构。建立出租汽车运价动态调整机制,健全作价规则,完善运价与燃料价格联动办法,充分发挥运价调节出租汽车运输市场供求关系的杠杆作用。

(七)推动行业转型升级。鼓励巡游车经营者、网络预约出租汽车经营者(以下称网约车平台公司)通过兼并、重组、吸收入股等方式,按照现代企业制度实行公司化经营,实现新老业态融合发展。鼓励巡游车企业转型提供网约车服务。鼓励巡游车通过电信、互联网等电召服务方式提供运营服务,推广使用符合金融标准的非现金支付方式,拓展服务功能,方便公众乘车。鼓励个体经营者共同组建具有一定规模的公司,实行组织化管理,提高服务质量,降低管理成本,增强抗风险能力。鼓励经营者加强品牌建设,主动公开服务标准和质量承诺,开展安全、诚信、优质服务创建活动,加强服务质量管理,提供高品质服务。

四、规范发展网约车和私人小客车合乘

(八)规范网约车发展。网约车平台公司是运输服务的提供者,应具备线上线下服务能

力,承担承运人责任和相应社会责任。提供网约车服务的驾驶员及其车辆,应符合提供载客运输服务的基本条件。对网约车实行市场调节价,城市人民政府认为确有必要的可实行政府指导价。

(九)规范网约车经营行为。网约车平台公司要充分利用互联网信息技术,加强对提供服务车辆和驾驶员的生产经营管理,不断提升乘车体验、提高服务水平。按照国家相关规定和标准提供运营服务,合理确定计程计价方式,保障运营安全和乘客合法权益,不得有不正当价格行为。加强网络和信息安全防护,建立健全数据安全管理制度,依法合规采集、使用和保护个人信息,不得泄露涉及国家安全的敏感信息,所采集的个人信息和生成的业务数据应当在中国内地存储和使用。网约车平台公司要维护和保障驾驶员合法权益。

(十)规范私人小客车合乘。私人小客车合乘,也称为拼车、顺风车,是由合乘服务提供者事先发布出行信息,出行线路相同的人选择乘坐合乘服务提供者的小客车、分摊部分出行成本或免费互助的共享出行方式。私人小客车合乘有利于缓解交通拥堵和减少空气污染,城市人民政府应鼓励并规范其发展,制定相应规定,明确合乘服务提供者、合乘者及合乘信息服务平台等三方的权利和义务。

五、营造良好市场环境

(十一)完善服务设施。城市人民政府要将出租汽车综合服务区、停靠点、候客泊位等服务设施纳入城市基础设施建设规划,统筹合理布局,认真组织实施,妥善解决出租汽车驾驶员在停车、就餐、如厕等方面的实际困难。在机场、车站、码头、商场、医院等大型公共场所和居民住宅区,应当划定巡游车候客区域,为出租汽车运营提供便利,更好地为乘客出行提供服务。

(十二)加强信用体系建设。要落实服务质量信誉考核制度和驾驶员从业资格管理制度,制定出租汽车服务标准、经营者和从业人员信用管理制度,明确依法经营、诚信服务的基本要求。积极运用互联网、大数据、云计算等技术,建立出租汽车经营者和驾驶员评价系统,加强对违法违规及失信行为、投诉举报、乘客服务评价等信息的记录,作为出租汽车经营者和从业人员准入退出的重要依据,并纳入全国信用信息共享平台和全国企业信用信息公示系统。

(十三)强化市场监管。要创新监管方式,简化许可程序,推行网上办理。要公开出租汽车经营主体、数量、经营权取得方式及变更等信息,定期开展出租汽车服务质量测评并向社会发布,进一步提高行业监管透明度。要建立政府牵头、部门参与、条块联动的联合监督执法机制和联合惩戒退出机制,建立完善监管平台,强化全过程监管,依法查处出租汽车妨碍市场公平竞争的行为和价格违法行为,严厉打击非法营运、聚众扰乱社会秩序或煽动组织破坏营运秩序、损害公共利益的行为。

(十四)加强法制建设。要加快完善出租汽车管理和经营服务的法规规章和标准规范,明确管理职责和法律责任,规范资质条件和经营许可,形成较为完善的出租汽车管理法律法规体系,实现出租汽车行业管理、经营服务和市场监督有法可依、有章可循。

(十五)落实地方人民政府主体责任。各地要成立改革领导机制,加强对深化出租汽车行业改革的组织领导。要结合本地实际,制定具体实施方案,明确工作目标,细化分解任务,建立有关部门、工会、行业协会等多方联合的工作机制，稳妥推进各项改革任务。要加强社会沟通，畅通利益诉求渠道，主动做好信息发布，回应社会关切，凝聚改革共识，营造良好舆论环境。对改革中的重大决策要开展社会稳定风险评估，完善应急预案，防范化解各类矛盾，维护社会稳定。

国务院办公厅

2016 年 7 月 26 日

3.《国务院安委会办公室关于全面加强企业全员安全生产责任制工作的通知》（安委办〔2017〕29号）

国务院安委会办公室关于全面加强企业全员安全生产责任制工作的通知

各省、自治区、直辖市及新疆生产建设兵团安全生产委员会，国务院安委会各成员单位：

为深入贯彻《中共中央国务院关于推进安全生产领域改革发展的意见》（以下简称《意见》）关于企业实行全员安全生产责任制的要求，全面落实企业安全生产（含职业健康，下同）主体责任，进一步提升企业的安全生产水平，推动全国安全生产形势持续稳定好转，现就全面加强企业全员安全生产责任制工作有关事项通知如下：

一、高度重视企业全员安全生产责任制

（一）明确企业全员安全生产责任制的内涵。企业全员安全生产责任制是由企业根据安全生产法律法规和相关标准要求，在生产经营活动中，根据企业岗位的性质、特点和具体工作内容，明确所有层级、各类岗位从业人员的安全生产责任，通过加强教育培训、强化管理考核和严格奖惩等方式，建立起安全生产工作"层层负责、人人有责、各负其责"的工作体系。

（二）充分认识企业全员安全生产责任制的重要意义。全面加强企业全员安全生产责任制工作，是推动企业落实安全生产主体责任的重要抓手，有利于减少企业"三违"现象（违章指挥、违章作业、违反劳动纪律）的发生，有利于降低因人的不安全行为造成的生产安全事故，对解决企业安全生产责任传导不力问题，维护广大从业人员的生命安全和职业健康具有重要意义。

二、建立健全企业全员安全生产责任制

（三）依法依规制定完善企业全员安全生产责任制。企业主要负责人负责建立、健全企业的全员安全生产责任制。企业要按照《安全生产法》《职业病防治法》等法律法规规定，参照《企业安全生产标准化基本规范》（GB/T 33000—2016）和《企业安全生产责任体系五落实五到位规定》（安监总办〔2015〕27号）等有关要求，结合企业自身实际，明确从主要负责人到一线从业人员（含劳务派遣人员、实习学生等）的安全生产责任、责任范围和考核标准。安全生产责任制应覆盖本企业所有组织和岗位，其责任内容、范围、考核标准要简明扼要、清晰明确、便于操作、适时更新。企业一线从业人员的安全生产责任制，要力求通俗易懂。

（四）加强企业全员安全生产责任制公示。企业要在适当位置对全员安全生产责任制进行长期公示。公示的内容主要包括：所有层级、所有岗位的安全生产责任、安全生产责任范围、安全生产责任考核标准等。

（五）加强企业全员安全生产责任制教育培训。企业主要负责人要指定专人组织制定并实施本企业全员安全生产教育和培训计划。企业要将全员安全生产责任制教育培训工作纳入安全生产年度培训计划，通过自行组织或委托具备安全培训条件的中介服务机构等实施。要通过教育培训，提升所有从业人员的安全技能，培养良好的安全习惯。要建立健全教育培训档案，如实记录安全生产教育和培训情况。

（六）加强落实企业全员安全生产责任制的考核管理。企业要建立健全安全生产责任制管理考核制度，对全员安全生产责任制落实情况进行考核管理。要健全激励约束机制，通过奖励主动落实、全面落实责任，惩处不落实责任、部分落实责任，不断激发全员参与安全生产工作的积极性和主动性，形成良好的安全文化氛围。

三、加强对企业全员安全生产责任制的监督检查

（七）明确对企业全员安全生产责任制监督检查的主要内容。地方各级负有安全生产监督管理职责的部门要按照“管行业必须管安全、管业务必须管安全、管生产经营必须管安全”和“谁主管、谁负责”的要求，切实履行安全生产监督管理职责，加强对企业建立和落实全员安全生产责任制工作的指导督促和监督检查。监督检查的内容主要包括：

1. 企业全员安全生产责任制建立情况。包括：是否建立了涵盖所有层级和所有岗位的安全生产责任制；是否明确了安全生产责任范围；是否认真贯彻执行《企业安全生产责任体系五落实五到位》等。

2. 企业安全生产责任制公示情况。包括：是否在适当位置进行了公示；相关的安全生产责任制内容是否符合要求等。

3. 企业全员安全生产责任制教育培训情况。包括：是否制定了培训计划、方案；是否按照规定对所有岗位从业人员（含劳务派遣人员、实习学生等）进行了安全生产责任制教育培训；是否如实记录相关教育培训情况等。

4. 企业全员安全生产责任制考核情况。包括：是否建立了企业全员安全生产责任制考核制度；是否将企业全员安全生产责任制度考核贯彻落实到位等。

（八）强化监督检查和依法处罚。地方各级负有安全生产监督管理职责的部门要把企业建立和落实全员安全生产责任制情况纳入年度执法计划，加大日常监督检查力度，督促企业全面落实主体责任。对企业主要负责人未履行建立健全全员安全生产责任制职责，直接负责的主管人员和其他直接责任人员未对从业人员（含被派遣劳动者、实习学生等）进行相关教育培训或者未如实记录教育培训情况等违法违规行为，由地方各级负有安全生产监督管理职责的部门依照相关法律法规予以处罚。健全安全生产不良记录“黑名单”制度，因拒不落实企业全员安全生产责任制而造成严重后果的，要纳入惩戒范围，并定期向社会公布。

四、工作要求

（九）加强分类指导。地方各级安全生产委员会、国务院安委会各成员单位要根据本通知精神，指导督促相关行业领域的企业密切联系实际，制定全员安全生产责任制，努力实现“一企一标准，一岗一清单”，形成可操作、能落实的制度措施。

（十）注重典型引路。地方各级安全生产委员会要充分发挥指导协调作用，及时研究、协

调解决企业全员安全生产责任制贯彻实施中出现的突出问题。要通过实施全面发动、典型引领、对标整改等方式，整体推动企业全员安全生产责任制的落实。目前尚未开展企业全员安全生产责任制工作的地区，要根据本通知精神，结合本地区实际，统筹制定落实方案，并印发至企业；已开展此项工作的地区，要结合本通知精神，进一步完善原有政策措施，确保本通知的各项要求落到实处。国务院安全生产委员会办公室将适时遴选一批典型做法在全国推广。

（十一）营造良好氛围。地方各级安全生产委员会、国务院安委会各成员单位要以落实中央《意见》为契机，加大企业全员安全生产责任制工作的宣传力度，发动全员共同参与。各级工会、共青团、妇联等要积极参与监督，大力推动企业加快落实全员安全生产责任制，形成合力，共同营造人人关注安全、人人参与安全、人人监督安全的浓厚氛围，促进企业改进安全生产管理，改善安全生产条件，提升安全生产水平，真正实现从“要我安全”到“我要安全”“我会安全”的转变。

国务院安委会办公室

2017 年 10 月 10 日

4.《交通运输部　全国总工会关于印发出租汽车行业进一步开展精神文明创建活动的意见的通知》(交体法发〔2009〕147 号)

交通运输部　全国总工会关于印发出租汽车行业进一步开展精神文明创建活动的意见的通知

各省、自治区、直辖市、新疆建设兵团交通厅(局、委)、总工会:

现将《出租汽车行业进一步开展精神文明创建活动的意见》印发给你们,请结合实际,认真贯彻落实。

交通运输部办公厅
2009 年 3 月 27 日

关于在出租汽车行业进一步开展精神文明创建活动的意见

为深入贯彻党的十七大和十七届三中全会精神,全面贯彻落实《国务院办公厅关于进一步加强管理促进出租汽车行业健康发展的通知》(国办发〔2008〕125 号)精神,在近年来各地开展出租汽车行业精神文明创建活动的基础上,交通运输部、全国总工会决定,从 2009 年 3 月起在全国出租汽车行业进一步开展精神文明创建活动。具体意见如下:

一、指导思想和原则

以邓小平理论和"三个代表"重要思想为指导,全面贯彻落实科学发展观,以建设社会主义核心价值体系为根本,以服务经济社会发展大局、促进和谐社会建设为宗旨,以"讲文明、树新风"为主题,大力推行科学管理、规范经营、文明服务,全面提升出租汽车行业的文明程度和从业人员的文明素质,树立文明和谐的行业风尚。

要坚持统筹规划、因地制宜的原则,鼓励各地根据以往开展这项活动的基础和经验,结合本地实际开展特色创建活动。有关政府部门负责组织推动,出租汽车企业、驾驶员作为创建活动的主体要积极参与。

二、目标任务

在出租汽车行业进一步开展精神文明创建活动的总体目标是:实现科学发展观和社会主义核心价值体系深入人心,出租汽车行业管理科学、规范,服务质量优质,出租汽车行业健康稳定发展,为构建社会主义和谐社会、实现全面建设小康社会奋斗目标做出贡献。

今明两年是开展创建活动的重要时期,要努力做到全国出租汽车行业科学管理水平、守法经营意识、公平竞争能力明显提高，经营环境明显改善，市场秩序明显好转，工作作风明显改进，行业服务质量和信誉度显著提升，建立行业管理部门、企业与驾驶员的和谐关系，形成一批符合科学发展观理念和出租汽车行业实际的城市和行业管理经验，培养一批有影响的先进典型，打造一批知名的服务品牌。

三、活动范围

以全国地市级以上城市为重点，覆盖出租车数量超过100辆以上的县级城市和乡镇。

四、活动内容

（一）开展适应出租汽车行业特点的科学管理实践活动。

坚持以人为本，实施科学管理，构建出租汽车行业管理部门、企业和驾驶员之间的和谐关系。规范政府部门的管理行为，建立公平竞争、规范有序的出租汽车市场环境。创新管理手段，提高政府部门的服务能力，进一步完善出租汽车基础设施和服务设施，规范健全出租汽车停靠点，有效解决出租汽车驾驶员停车难、加油（气）难、如厕难、吃饭难、休息难等实际困难。畅通出租汽车司机利益诉求表达渠道，建立健全涉及出租汽车突发事件的应急工作预案，落实地方主要负责同志对本行政区域出租汽车稳定工作负责制，建立地方政府分管负责同志牵头、相关部门参加的协调机制，妥善处理出租汽车突发事件。

要坚持“两手抓、两手都要硬”的方针，把精神文明创建工作与行业管理和业务工作同时部署、同步实施、同步监督。要创新创建载体，组织开展文明驾驶员、星级驾驶员、文明出租车、文明出租车队、文明出租汽车企业等评选表彰活动，建立健全奖惩激励机制，以精神文明创建为抓手，切实提升城市政府管理、行业管理、市场运行监管的科学管理水平。要将文明出租汽车经营企业评选表彰结果作为出租车经营权配置的重要依据。

（二）开展规范出租汽车企业经营行为活动。

出租汽车企业是精神文明创建活动的主体，要依法经营，实行人性化管理和规范化服务。要建立合理的经营机制，做到产权明晰、权责明确、收费合理、风险共担，要依法与驾驶员建立劳动合同关系，理顺企业与驾驶员间的权利和利益关系。要建立健全生产、安全、服务监督等各项内部管理制度，保障服务质量。要实行先进的运营调度手段，提高服务能力。要加强思想政治工作和企业文化建设，按规定开展对驾驶员的教育培训工作，提高驾驶员守法经营和文明服务的意识。要强化对驾驶员的服务，关爱驾驶员的身心健康。要承担起社会责任，积极参与社会建设和志愿服务。

要建立健全精神文明创建工作机制、考核机制和奖惩激励机制，将精神文明建设工作与经营管理工作有机结合，制定工作计划，明确任务目标，将创建责任落实到具体岗位和具体人员。要建立奖惩机制，利用物质奖励和精神奖励手段，充分调动员工参与的积极性，培养职工强烈的荣誉感，树立正确的价值导向。

（三）开展出租汽车驾驶员文明服务活动。

出租汽车驾驶员也是精神文明创建活动的主体，要大力加强出租汽车驾驶员职业道德规范和服务行为规范建设，做到文明用语、文明行车、车容整洁、仪表端庄、守法经营。驾驶员要使用文明用语，杜绝服务忌语；要遵守交通法规，礼貌行车；要保持车辆卫生干净、车容整洁;要做到仪表端庄,着装整洁;要坚持诚信经营、守法经营。要加强驾驶员职业道德建设,弘扬拾金不昧、救死扶伤、助人为乐、见义勇为的良好风尚。要加强对驾驶员的培训和教育,不断提高服务技能。

五、实施步骤

在出租汽车行业进一步开展精神文明创建活动,要统筹规划,合理安排时间进度,集中力量,分步实施,分阶段推进。

第一阶段,2009 年 3 月,部署安排、全面启动活动。下发《关于在出租汽车行业进一步开展精神文明创建活动的意见》,对创建活动进行部署。利用大众传媒广泛宣传,形成声势,组织召开全国视频会议进行全面动员部署。各地、各单位要按照本方案的要求,结合各自实际,制定开展创建活动的具体实施方案,明确具体要求、任务目标、主要步骤和具体措施;要成立领导机构和工作机构,认真策划、精心组织,让发动工作落实到部门、到企业、到岗位、到人员。

第二阶段,2009 年 4 月至 2009 年 12 月,全面实施,深入推进,取得阶段性成效。各地、各单位要按照本意见要求,精心组织开展创建活动,做到有领导、有计划、有组织、有措施、有载体、有创新。要采取有效措施,精心组织针对性、实效性强的特色活动,激发广大干部职工参与的积极性和主动性。开展检查督导和调研工作,发掘宣传一批创建活动中涌现出的先进典型,在庆祝建国 60 周年前夕掀起创建活动高潮。

第三阶段,2010 年 1 月至 2010 年 5 月,总结表彰。对创建活动工作情况进行全面总结,表彰一批文明出租汽车企业和优秀驾驶员,创建活动先进集体(包括各地开展创建活动的组织指导部门、城市出租汽车管理机构、车队等)和先进个人。

第四阶段,2010 年 6 月至 2010 年 12 月,巩固提高、建立长效机制。要全面总结创建活动经验,适时组织经验交流活动。探索研究制度建设、机制建设,建立健全开展长期创建工作的领导体制、工作机制、考核激励机制,形成一批可长期应用推广的创建成果。要进一步延伸创建活动,研究建立城市出租汽车文明服务指标体系,并将出租汽车文明创建活动纳入文明城市考核测评指标体系。

六、工作要求

(一)提高认识,加强领导。在出租汽车行业进一步开展精神文明创建活动,是贯彻落实科学发展观的具体行动,是加强交通运输行业精神文明建设的重要载体,是各级地方党委、政府、经营企业和从业人员的共同责任。各地各单位要把创建活动摆在突出位置,列入重要议事日程,精心部署,狠抓落实。要建立地方党委、政府统一领导,交通运输部门牵头组织,相关部门协调配合的工作机制。交通运输部、全国总工会负责对全国创建活动组织指导和督导,各地交通运输主管部门和工会部门负责具体实施,形成齐抓共管、共同创建、各负其责的创建格局。各级出租汽车主管部门和出租汽车企业要加大对精神文明创建活动的投入,划拨专项活动经费,建立健全组织领导机构,确保创建活动深入扎实开展。

(二)制定方案,落实措施。各地各单位要按照本意见的统一部署和要求,结合本地区、本单位的实际情况,制定切实可行的活动方案,逐级分解任务、落实责任到位,与业务管理工作统一部署、统一落实、统一考核;要研究制定科学规范的考核标准体系,采取检查抽查、明察暗访、问卷调查、社会评议等方式严格考核,把创建活动落到实处;要把精神奖励与物质奖励结合起来,有效引导广大从业人员积极参加创建活动。

(三)突出重点,注重实效。直辖市、省会城市、地市级城市是创建工作的重点领域,出租汽车企业是创建工作的关键环节。要采取有效措施,通过开展创建活动,切实帮助广大从业人员解决突出矛盾和现实困难,解决社会普遍关注和群众反应强烈的突出问题,确保创建活动取得实效。

(四)加强宣传,树立典型。要加强对在出租汽车行业进一步开展精神文明创建活动的宣传,利用电视广播、报刊杂志、网络、简报等方式,及时宣传各地、各单位开展创建活动的进展情况、成效和经验,营造良好的舆论环境和社会环境。要在创建过程中及时总结好的经验做法,培养一批创建先进集体和个人,广泛利用现场会、交流会、报告会、座谈会等方式,总结、推广和交流先进经验,充分发挥典型示范作用,推动活动向纵深发展。

5.《交通运输部关于印发〈出租汽车服务质量信誉考核办法(试行)〉的通知》(交运发〔2011〕463号)

交通运输部关于印发《出租汽车服务质量信誉考核办法(试行)》的通知

各省、自治区、直辖市、新疆生产建设兵团交通运输厅(局、委):

现将《出租汽车服务质量信誉考核办法(试行)》印发给你们,请结合各地实际,认真贯彻落实。

2011年8月26日

出租汽车服务质量信誉考核办法(试行)

第一章　总　　则

第一条　为规范出租汽车经营行为,建立完善出租汽车行业诚信体系,提升出租汽车服务水平,根据国家有关规定,制定本办法。

第二条　出租汽车服务质量信誉考核,应当遵守本办法。

出租汽车服务质量信誉考核,包括对出租汽车企业和驾驶员的服务质量信誉考核。

第三条　出租汽车服务质量信誉考核工作应当遵守公开、公平、公正的原则。

第四条　交通运输部负责指导全国出租汽车服务质量信誉考核工作。

县级以上人民政府交通运输主管部门负责组织领导本行政区域内的出租汽车服务质量信誉考核工作。

县级以上道路运输管理机构(含出租汽车管理机构,下同)具体实施本行政区域内的出租汽车服务质量信誉考核工作。

第二章　服务质量信誉考核等级

第五条　出租汽车企业和驾驶员服务质量信誉考核等级分为优良、合格、基本合格和不合格,分别用AAA级、AA级、A级和B级表示。

第六条　出租汽车企业服务质量信誉考核指标包括:

(一)企业管理指标:管理制度、合同管理、驾驶员权益保障、信息化建设、服务质量信誉档案、保险、企业文化、职工教育培训等情况;

(二)安全运营指标:安全责任落实、交通责任事故率、交通责任事故伤人率、交通责任事故死亡率等情况;

(三)经营行为指标:交通违法行为、经营违法行为等情况;

(四)运营服务指标:车容车貌、服务评价、乘客投诉及处理、媒体曝光等情况;

(五)社会责任指标:维护行业稳定、节能减排与环保等情况;

(六)加分项目:政府及部门表彰奖励、社会公益、新能源出租汽车使用等情况。

第七条 出租汽车企业服务质量信誉考核实行基准分值为1000分的计分制,另外加分分值为100分。考核周期为每年的1月1日至12月31日。

第八条 出租汽车企业服务质量信誉等级按照下面标准行评定:

(一)考核周期内综合得分在850分以上,且其出租汽车驾驶员服务质量信誉等级为AA级以上的比例不少于90%的,为AAA级;

(二)考核周期内综合得分在700分至849分之间的,或者综合得分在850分以上,但其出租汽车驾驶员服务质量信誉考核等级为AA级及以上的比例低于90%的,为AA级;

(三)考核周期内综合得分在600分至699分之间的,为A级;

(四)考核周期内有下列情形之一的,考核等级为B级:

1. 综合得分在600分以下的;
2. 出租汽车驾驶员有20%以上服务质量信誉等级考核等级为B级的;
3. 发生一次死亡3人以上交通事故且负同等或主要责任的;
4. 发生一次特大恶性服务质量事件的;
5. 违反法律法规,组织或引发影响社会公共秩序,损害社会公共利益的停运事件的;
6. 损害出租汽车驾驶员合法利益,造成严重后果或引起重大信访事件发生的;
7. 不参加服务质量信誉考核工作的。

出租汽车企业在考核周期内经营少于6个月的,其服务质量信誉考核等级最高为AA级。

第九条 出租汽车驾驶员服务质量信誉考核内容包括:

(一)遵守法规:遵守相关法律、法规、规章等情况;

(二)安全生产:参加教育培训和发生交通责任事故等情况;

(三)经营行为:发生交通违法行为、经营违法行为等情况;

(四)运营服务:文明优质服务、维护乘客权益、乘客投诉等情况。

第十条 出租汽车驾驶员服务质量信誉考核实行基准分值为20分的计分制,另外加分分值为10分。计分周期为12个月,从初次领取从业资格证件之日起计算。取得从业资格证件但在考试周期内未注册在岗的,不参加服务质量信誉考核。违反服务质量信誉考核指标的,一次扣分分值分别为:1分、3分、5分、10分、20分五种。扣至0分为止。

出租汽车驾驶员服务质量信誉考核加分累计不得超过10分。

第十一条 出租汽车驾驶员服务质量信誉考核等级按照下列标准进行评定:

(一)考核周期内综合得分为20分及以上的,考核等级为AAA级;

(二)考核周期内综合得分为11~19分的,考核等级为AA级;

(三)考核周期内综合得分为1~10分的,考核等级为A级;

(四)考核周期内综合得分为0分的,考核等级为B级。

出租汽车驾驶员在考核周期内注册在岗时间少于6个月的,其服务质量信誉考核等级最高为AA级。

第十二条 出租汽车驾驶员有见义勇为、救死扶伤、拾金不昧等先进事迹的,道路运输管理机构应给予相应加分奖励。

第十三条 市县道路运输管理机构应当建立完善出租汽车服务质量信誉公共信息平台,并在当地主要新闻媒体或本机构网站上及时公布出租汽车企业和驾驶员服务质量信誉考核结果以及下一次签注驾驶员服务质量信誉考核时间等信息,方便社会各界查询。

省级道路运输管理机构应当在本机构网站或本级交通运输主管部门网站上公布上一年度出租汽车企业服务质量信誉考核结果,并在网站上建立查询系统。

第十四条 市县道路运输管理机构应当加强出租汽车市场监管,建立出租汽车企业、驾驶员服务质量信誉信息收集制度。

市县道路运输管理机构应当通过信息系统及时记录和更新企业、驾驶员服务质量信誉信息,并建立与其他部门的信息共享机制。

第三章 企业服务质量信誉考核

第十五条 出租汽车企业服务质量信誉考核工作应当每年进行一次,并在考核周期次年的3月31日前完成。

第十六条 出租汽车企业应在每年的1月10日前,向所在地市县道路运输管理机构申请服务质量信誉考核,并如实报送出租汽车企业服务质量信誉档案等材料。

出租汽车企业服务质量信誉档案应当包括下列内容:

(一)经营者基本情况,包括出租汽车经营许可证、工商执照、从业人员数量、出租汽车数量、车辆运营证件等情况;

(二)企业管理情况,包括管理制度、劳动合同或经营合同、安装卫星定位系统、电召服务系统及车载终端设备、企业文化与职工教育培训等情况;

(三)安全运营情况,包括安全责任制度、交通事故责任认定书、交通事故处理等情况。含每次交通责任事故、违章时间、地点、肇事车辆、肇事原因、驾驶员基本情况、死伤人数及后果等;

(四)经营行为情况,包括对驾驶员交通违法行为、经营者和驾驶员经营违法行为的行政处罚等情况;

(五)运营服务情况,包括乘客投诉、媒体曝光、核查处理和整改等情况;

(六)社会责任情况,包括完成政府指令性任务、车辆能耗和使用节能减排技术等情况;

(七)稳定情况,包括影响社会稳定事件的时间、主要原因、事件经过、参加人数、社会影响和处理等情况;

(八)加分项目情况,包括获得政府和部门表彰、社会公益、新能源出租汽车使用等情况。

第十七条 市县道路运输管理机构应当对出租汽车企业报送的材料进行核实。发现不一致的,应当组织核查,要求出租汽车企业进行说明。

第十八条 市县道路运输管理机构应当根据《出租汽车企业服务质量信誉考核评分标准》(见附件1)组织对出租汽车企业服务质量信誉等级进行初评。

市县道路运输管理机构应当在当地主要新闻媒体或本机构网站上对初评结果进行为期

10 日的公示。对公式结果有异议的,可在公示期内向市县道路运输管理机构申诉或者举报。道路运输管理机构应当为举报人保密。

第十九条 市县道路运输管理机构应当在公示结束后,对申诉和举报情况进行调查核实,

根据各项指标的考核结果对出租汽车企业的服务质量信誉等级进行评定并逐级上报。

出租汽车企业服务质量信誉考核等级为 AA 级及以下的,由市级道路运输管理机构核定,并报省级道路运输管理机构备案;考核等级为 AAA 级的,由省级道路运输管理机构核定,并于 3 月 31 日前报交通运输部备案。

第二十条 市县道路运输管理机构、出租汽车企业应当分别建立出租汽车企业服务质量信誉档案,并加强对服务质量信誉档案的管理,及时将相关内容和材料记入服务质量信誉档案。

第四章 驾驶员服务质量信誉考核

第二十一条 出租汽车驾驶员服务质量信誉考核工作每年进行一次。

出租汽车驾驶员应当在服务质量信誉考核周期届满后 30 日内,持本人的从业资格证件到当地道路运输管理机构签注服务质量信誉考核等级。

第二十二条 市县道路运输管理机构应当按照《出租汽车驾驶员服务质量信誉考核评分标准》(见附件 2)计分,根据出租汽车驾驶员考核周期内综合得分情况评定服务质量信誉考核等级,并提供查询服务。

第二十三条 出租汽车驾驶员一个考核周期届满,经签注服务质量信誉考核等级后,该考核周期内的扣分与加分予以清除,不转入下一个考核周期。

第二十四条 出租汽车驾驶员在考核周期内综合得分计至 0 分的,应当在计至 0 分之日起 15 日内,到从业资格管理档案所在地有培训资格的机构,接受不少于 18 个学时的出租汽车法规、职业道德和安全意识等培训,并凭培训证明到道路运输管理机构办理清除计分手续。

道路运输管理机构应当审核并收存培训证明,在驾驶员从业资格证件上标注培训起止时间,并录入出租汽车驾驶员数据库,清除培训前的扣分和加分。在本次服务质量信誉考核周期内,出租汽车驾驶员服务质量信誉考核等级为 B 级。

第二十五条 对出租汽车驾驶员服务质量信誉考核信息有异议的,可以向市县道路运输管理机构进行举报。经核实举报属实的,应对驾驶员服务质量信誉考核等级信息予以变更。

第二十六条 市县道路运输管理机构、出租汽车企业应当分别建立出租汽车驾驶员服务质量信誉档案。出租汽车驾驶员服务质量信誉档案应当包括下列内容:

(一)基本情况,包括出租汽车驾驶员的姓名、性别、身份证号、住址、联系电话、服务单位、初领驾驶证日期、准驾车型、从业资格证号、从业资格证件领取和变更记录等情况,以及培训教育等情况;

(二)遵守法规情况,包括查处出租汽车驾驶员违法行为等情况;

(三)安全生产情况,包括交通责任事故的时间、地点、死伤人数、经济损失等情况,以及

交通事故责任认定和处理等情况；

（四）经营服务情况，包括乘客投诉，媒体曝光的服务质量事件等情况。

第五章 奖惩措施

第二十七条 市县道路运输管理机构应当将出租汽车企业跟服务质量信誉考核结果作为配置出租汽车经营权指标的重要依据，并按一下规定执行：

（一）对近三年服务质量信誉考核等级连续被评为AAA级的出租汽车企业在申请新增出租汽车经营权指标是，可优先考虑，或在出租汽车经营权服务质量招投标时予以加分；

（二）对近三年服务质量信誉考核等级连续被评为AA级及以上的出租汽车企业，在申请出租汽车经营权延续经营时，在符合法定条件下，可优先予以批准；

（三）对服务质量信誉考核等级连续两年被评为A级的出租汽车企业，应当督促其加强内部管理；

（四）对服务质量信誉考核等级被评为B级的出租汽车企业，应当责令其限期整改，并不能参加出租汽车经营权服务质量招投标。

第二十八条 出租汽车企业服务质量信誉考核等级连续三年为AAA级的，交通运输部择优评为出租汽车行业优秀企业。

省、市级交通运输主管部门分别对服务质量信誉考核等级为AAA级、AA级的出租汽车企业，颁发证书，视情颁发标牌。AA级以上出租汽车企业在市县交通运输主管部门督导下，可在出租汽车顶灯或者门外侧等显著位置标示企业服务质量信誉考核等级。

第二十九条 出租汽车企业有下列情形之一的，省、市交通运输主管部门应当按照责任分工，视不同情形，将其已评定考核等级降级：

（一）发生一次死亡3人以上交通事故且负同等或者主要责任的；

（二）发生一次重特大恶性服务质量事件的；

（三）违反法律法规，组织或引发影响社会公共秩序，损害社会公共利益的停运事件的。

第三十条 市县道路运输管理机构应当在服务监督卡上标注出租汽车驾驶员服务质量信誉考核等级。

鼓励市县道路交通管理机构、出租汽车企业以及相关社团组织对服务质量信誉考核等级为AAA级及有较高奖励分值的出租汽车驾驶员进行表彰奖励。

第三十一条 出租汽车企业应当加强对服务质量信誉考核等级为B级的出租汽车驾驶员的教育和管理。

第三十二条 出租汽车驾驶员有下列情形之一的，市县道路运输管理机构应当将其列入不良记录名单：

（一）在考核周期内服务质量信誉考核综合得分为0分，且未按照规定参加培训的；

（二）连续两个考核周期服务质量信誉考核等级均为B级的；

（三）在一个考核周期内累积综合得分有两次以上为0分的；

（四）无正当理由超过规定时间，未签注服务质量信誉考核等级的；

（五）发生其他严重违法行为或服务质量事故的。

县级以上道路运输管理机构应当建立不良记录驾驶员名单数据库，并加强对不良记录驾驶员培训和管理。

第六章 附 则

第三十三条 本办法所称出租汽车驾驶员,是指取得出租汽车从业资格并在考核周期内从事出租汽车服务的驾驶人员。

本办法所称出租汽车企业服务质量信誉考核,是指在考核周期内,对出租汽车企业的管理制度、安全运营、经营行为、运营服务和社会责任等方面的综合评价。

本办法所称出租汽车驾驶员服务质量信誉考核,是指在考核周期内,对驾驶员在出租汽车服务中遵纪守法、安全生产、经营行为和运营服务等方面的综合评价。

本办法所称重特大恶性服务质量事件,是指由于出租汽车企业或其出租汽车驾驶员的原因,造成严重人身伤害或重大财产损失,或造成恶劣社会影响的服务质量事件。

第三十四条 上级道路运输管理机构应当对下级道路运输管理机构组织开展的服务质量信誉考核等级工作进行监督检查。

第三十五条 鼓励行业协会等第三方机构参与出租汽车服务质量信誉考核工作。

第三十六条 个体出租汽车经营的服务质量信誉考核,重点考核驾驶员的服务质量信誉。经营者的服务质量信誉考核,由省级交通运输管理部门参照本办法制定。

第三十七条 省、市交通运输主管部门可依据本办法细化考核标准、奖惩措施等。

第三十八条 本办法自发布之日起实施。

附件1:出租汽车企业服务质量信誉考核评分标准(略)

附件2:出租汽车驾驶员服务质量信誉考核评分标准(略)

6.《交通运输部办公厅关于进一步开展打击“黑车”等非法从事出租汽车经营活动的通知》(厅运字〔2013〕21号)

交通运输部办公厅关于进一步开展打击“黑车”等非法从事出租汽车经营活动的通知

各省、自治区、直辖市、新疆生产建设兵团交通运输厅(局、委),天津、上海市交通运输和港口管理局:

2009年,交通运输部、公安部联合下发了《关于开展打击“黑车”等非法从事出租汽车经营专项治理活动的通知》(交公路发〔2009〕44号),开展了为期三个月的专项治理活动,严厉查处了“黑车”等非法经营行为,保护了出租汽车司机的合法权益,维护了出租汽车市场秩序。近期,一些地方“黑车”等非法从事出租汽车经营活动行为有所反弹。为切实维护好出租汽车市场秩序,保护出租汽车经营者和人民群众合法权益,各地要继续深入开展打击“黑车”等非法从事出租汽车经营活动。现将有关事项通知如下:

一、深刻认识打击“黑车”等非法经营活动的重要性

“黑车”等非法经营行为,严重扰乱了市场秩序,危害了乘客安全,侵害了经营者合法权益。各级交通运输主管部门要按照《国务院办公厅关于进一步促进道路运输行业健康稳定发展的通知》(国办发〔2011〕63号)和《关于开展打击“黑车”等非法从事出租汽车经营专项治理活动的通知》的要求,从维护市场公平、服务保障民生、构建和谐社会的高度,充分认识打击“黑车”等非法从事出租汽车经营活动的重要性和紧迫性,在地方人民政府的统一领导下,采取有力措施,严厉打击“黑车”等非法从事出租汽车经营活动,切实维护市场秩序,促进出租汽车行业规范健康发展。

二、深入开展打击“黑车”等非法经营活动的专项治理活动

各级交通运输主管部门要继续按照打击“黑车”等非法从事出租汽车经营专项治理活动的要求,加强组织领导,制定工作方案,周密安排部署,广泛宣传报道,通过明察与暗访相结合的方式,继续深入开展打击“黑车”专项治理活动。

一是严厉打击非法经营的牵头者和组织者,特别是要打击欺行霸市、垄断市场强迫交易、带有黑社会性质的非法运营和扰乱出租汽车市场经营秩序的团伙。

二是严厉查处非法经营的“黑车”、仿造运营证照的小客车、驻点运营的异地出租汽车,以及摩托车、客货二用车和其他车辆等非法从事出租汽车经营的行为。

三是严厉查处在机场、车站、码头、宾馆、医院、商品集贸市场、旅游风景区、城乡结合部等地区非法运营车辆和倒卖客源、扰乱出租汽车市场经营秩序的行为。严厉查处节假日、春

运及高峰期和恶劣天气情况下非法从事出租汽车经营的行为。

三、完善打击“黑车”等非法经营活动长效机制

各地要按照“标本兼治、综合治理、疏堵结合、依法监管”的原则，加快建立完善打击“黑车”等非法从事出租汽车经营活动的长效机制。

一是坚持统一领导，实施综合治理。要在地方人民政府的统一领导下，成立交通运输、公安等部门参加的专项治理活动领导小组，形成统一领导、各司其职、共同配合的良好工作机制。交通运输主管部门要积极主动地与公安等部门加强沟通、搞好协作配合，研究制定专项治理工作方案和行动计划，开展联合执法，实施综合治理，把打击“黑车”等非法从事出租汽车经营活动作为常态化措施予以深入推进。

二是提高出租汽车服务能力，满足社会公众出行需求。挖掘出租汽车运力潜能，提高出租汽车服务效率。创新服务模式，大力推广出租汽车电话约车服务。增设出租汽车停靠站点，吸引出租汽车进入中心城区运营。规范出租汽车交接班，教育、引导出租汽车司机避开在客流高峰时段交接班。认真贯彻《国务院关于城市优先发展公共交通的指导意见》(国发〔2012〕64 号)精神，加快发展城市公共交通，提高公共交通的吸引力，鼓励乘坐公共交通出行。

三是规范行政执法，强化社会监督。加快出租汽车管理法规、规章建设，为依法查处“黑车”提供法律依据。以事实为依据，以法律为准绳，依法行政、文明执法，坚决杜绝乱罚款、乱扣车等行为。充分利用监控、摄像等设施设备和电子密标等技术，有效识别和及时查处“黑车”等非法经营行为。鼓励举报和协助查处非法运营车辆。营造严厉打击“黑车”等非法从事出租汽车经营活动的舆论氛围。加强对乘坐“黑车”危害的宣传教育，引导乘客自觉抵制乘坐“黑车”。

交通运输部办公厅

2013 年 1 月 17 日

7.《交通运输部关于规范发展出租汽车电召服务的通知》(交运发〔2013〕144号)

交通运输部关于规范发展出租汽车电召服务的通知

各省、自治区、直辖市、新疆生产建设兵团交通运输厅(局、委),天津、上海交通运输和港口管理局:

2012年12月,国务院印发了《国务院关于城市优先发展公共交通的指导意见》(国发〔2012〕64号),要求在"十二五"期间,初步建成出租汽车服务管理信息系统,大力推广出租汽车电话约车服务,方便群众乘车,减少空驶。为深入贯彻落实国务院文件精神,提升出租汽车行业服务能力和服务质量,规范出租汽车电召服务发展,现就有关事项通知如下:

一、充分认识发展出租汽车电召服务的重要性

电召服务是国外发达国家出租汽车行业普遍采用的服务方式。发展出租汽车电召服务,对转变出租汽车运管模式、方便乘客乘车、提升服务质量、缓解交通拥堵、促进节能减排具有重要意义。

一是转变出租汽车运营模式的重要途径。目前,我国城市出租汽车运营模式主要以巡游为主,运营服务随机性、盲目性较强,增加了燃料消耗和污染物排放,增大了运营成本,占用了道路资源。通过发展出租汽车电召服务,引导出租汽车逐步转变以巡游为主的运营模式,能够减少车辆空驶和道路占用,缓解城市交通拥堵,促进行业节能减排,产生良好的经济效益和社会效益。

二是提升出租汽车服务水平的重要举措。通过发展出租汽车电召服务,可以进一步完善出租汽车运营服务方式,方便乘客乘坐出租汽车,缩短乘客户外候车时间,提供真正的"门到门"运输服务。特别是,可以为出行有特殊困难的老、弱、病、残、孕乘客,以及在特殊时段、偏僻地区、恶劣天气出行的乘客提供及时、方便的出租汽车服务,使乘客出行更加方便,出行时间更有保障。

三是保障出租汽车驾驶员权益的重要手段。通过出租汽车电召服务系统,出租汽车驾驶员可以就近为乘客提供服务,减少盲目巡游空驶和燃料消耗,提高收入水平,降低劳动强度。电召服务中心能够准确记录乘客位置、目的地、联系方式等信息,有利于保障驾驶员人身安全。

二、出台规范电召服务发展的政策措施

出租汽车电召服务在我国刚刚起步,服务方式需要普及,服务流程需要优化,服务水平需要提高。各地交通运输主管部门要在深入调研的基础上,出台政策措施,鼓励发展出租汽

车电召服务，规范服务行为，提高服务水平，方便乘客打车。

一是充分调动驾驶员积极性。电召服务收入分配应重点向驾驶员倾斜，增加驾驶员收入，调动驾驶员积极性，让驾驶员愿意主动提供电召服务。要通过电召服务，让乘客得到便利，愿意选择使用电召服务。要加大对出租汽车电召服务系统的建设投入，并积极通过市场化手段引导社会投资，建立长效、健康发展机制，使电召服务中心能够生存和发展。

二是合理确定收费标准。各地交通运输主管部门要加强与价格主管部门的沟通协调，根据本地实际情况和消费水平，科学合理确定出租汽车电召服务收费标准，积极争取将电召服务费列入出租汽车发票费目，探索根据交通高低峰实行分时段差别化价格，引导社会公众合理选择出行方式。

三是加强诚信体系建设。要加快出租汽车驾驶员和乘客电召服务诚信体系建设，建立诚信档案和奖惩机制。通过采用会员制等形式，培养优质客户群，对电召服务使用次数多、信誉好的乘客实行价格优惠，优先安排车辆，加强服务保障。对多次失约乘客，记入电召服务不良诚信记录名单。对于乘客失约造成的驾驶员损失，可探索建立补贴补偿机制，对驾驶员进行适当补助。

四是加强电召服务监管。各地交通运输主管部门应根据本地区实际情况制定出租汽车电召服务管理办法，规范出租汽车企业、驾驶员、电召服务中心，以及第三方电召服务平台的经营行为，提升服务质量，特别要加强对第三方电召服务平太的监管和规范，防止侵害驾驶员和乘客的合法权益。

五是建立考核奖励机制。各地要将出租汽车企业电召服务中心建设运营情况、驾驶员电召服务开展情况，纳入出租汽车服务质量信誉考核，对电召服务开展较好的企业和驾驶员予以相应加分奖励。指导企业建立电召服务考核机制，引导驾驶员主动开展电召服务。通过组织开展电召服务技能竞赛、评比活动，对电召服务业务多、质量好的驾驶员予以表彰。

三、创造出租汽车电召服务发展条件

各地要按照《国务院关于城市优先发展公共交通的指导意见》《交通运输“十二五”发展规划》《公路水路交通运输信息化“十二五”发展规划》等文件要求，进一步明确电召服务发展思路，加强行业管理指导，加大技术支持力度，为电召服务创造良好发展条件。

一是创新电召服务模式。各地应根据本地实际情况，积极推广电话、网络、服务站点、手机终端等多种出租汽车电召服务模式，优化电话约车服务流程，推广自助式电话约车服务，提高电召服务中心处理能力；依托电召服务中心，建设研发出租汽车电召服务网站和手机电召服务终端，开展出租汽车网络、手机电召等新型服务，实现对电召服务的记录和跟踪，切实保障乘客的合法权益；在宾馆饭店、旅游景点等乘客密集区域，专门设置电召服务终端，推动电召服务向智能化、自动化、精确化方向发展。

二是建设电召服务系统。各地要按照部颁《城市出租汽车服务管理信息系统试点工程总体业务功能要求》和《城市出租汽车服务管理信息系统试点工程总体技术要求》的有关要求，统一标准规范，推广出租汽车服务管理信息系统，加快推进电召服务中心建设，普及安装智能服务终端设备，使用统一电召服务电话号码，便于乘客记忆使用，实现电召调度、语音通话、失物查找、路线查询、外语翻译等功能，不断改进完善系统功能，使电召服务更便捷、更可靠。

三是完善电召服务配套设施。各城市交通运输主管部门要在当地政府的领导下,积极争取规划、公安、建设等部门的支持,在交通枢纽、旅游景点、宾馆饭店、医院学校、商业区等区域设置数量合理的出租汽车停靠泊位。要加快建设出租汽车服务中心,为驾驶员提供停车、就餐、休息等服务,并作为电召出租汽车停靠候客站点,为开展电召服务创造良好环境。

四是加强宣传引导。出租汽车电召服务目前正处于起步发展的关键阶段,实行电召服务的地区要通过电视、广播、报纸、网络等新闻媒体加大宣传力度,广泛宣传电召服务的特点和优势,让乘客熟悉掌握电召服务的使用方法,改变乘客出行习惯,推动出租汽车电召服务健康发展。

交通运输部

2013 年 2 月 21 日

8.《交通运输部关于改进提升交通运输服务的若干指导意见》(交运发〔2013〕514号)(节选)

交通运输部关于改进提升交通运输服务的若干指导意见

……

一、总体要求

(一)指导思想。

深入贯彻落实党的十八大精神,以邓小平理论、"三个代表"重要思想和科学发展观为指导,以加快转变交通运输发展方式为主线,以提高人民群众满意度为核心,以解决与人民群众关系最密切、要求最迫切的服务问题为着力点,抓住提升服务水平的关键环节,积极推进理念创新和手段创新,不断健全体制机制、强化标准规范、增强科技支撑、加强道德建设、提高队伍素质,努力构建安全可靠、便捷畅通、经济高效和绿色低碳的交通运输服务体系,使人民群众切实享受到交通运输改革发展成果,为全面建成小康社会提供强有力的交通运输保障。

(二)基本原则。

——以人为本,民生为先。把人民群众利益放在第一位,以便民、利民、惠民作为根本出发点,进一步强化服务意识和宗旨意识,不断提升服务水平,努力解决人民群众关心的突出问题,为人民群众提供品质更优、效率更高的交通运输服务。

——突出重点,注重实效。强化顶层设计,立足当前、着眼长远,制定提升服务水平的总体目标和重点任务。抓住影响服务水平的关键环节,完善交通运输服务基础设施,提升交通运输装备水平,提高从业人员职业素质和服务能力,突出重点,注重实效,让人民群众得到看得见、摸得着的实惠。

……

——创新驱动,转型发展。依靠理念创新、科技创新、政策创新和体制机制创新,以创新驱动发展,充分发挥科技进步和信息化的引领作用,处理好政府与市场、政府与社会的关系,充分发挥政府引导作用、企业主体作用和中介组织的桥梁纽带作用,支持企业转型升级,鼓励企业创新服务,进一步加快创新型交通运输行业建设,切实提升交通运输服务水平。

(三)总体目标。

紧紧围绕经济社会发展和人民群众对交通运输服务的新需求新期待,按照交通运输安全发展、高效发展、协调发展、创新发展的要求,用五年左右的时间,通过推进六个方面28条为民服务措施的实施,使交通运输的服务范围进一步扩大,服务能力进一步增强,服务水平进一步提升,服务内容更加丰富,服务形式更加多样,服务流程更加规范,人民群众满意度和认可度进一步提高,更好地服务经济社会发展和人民群众安全便捷出行。

……

——公众出行更便捷畅通:运输保通保畅能力进一步提升;有通班车条件乡镇通班车率达到100%;电子不停车收费系统(ETC)基本实现全国联网;重大节假日小型客车免费通行管理更加规范;公路指路标志指向更清晰、设置更合理;出行服务信息准确、及时;中国高速公路交通广播基本实现国家高速公路全网覆盖;高速公路服务区运行规范有序;航道通行能力和船闸运行效率显著提高;综合交通枢纽换乘衔接服务水平明显提升;道路、水路客运基本实现联网售票;公交一卡通实现跨地区互联互通;异地租车还车服务广泛普及。

……

——发展方式更绿色低碳:绿色低碳交通运输发展模式基本形成;城市公共交通出行分担率明显提高,市区人口100万以上城市的公共交通占机动化出行比例达到50%左右;出租汽车电召服务比例大幅提升;内河船型标准化率达到50%。

二、重点任务和工作抓手

……

(二)加快标准建设,提升交通运输服务规范化水平。

4. 建立服务标准体系。推进交通运输服务、质量、安全标准建设,着力解决服务质量标准缺乏、服务质量监督不到位等问题。建立健全覆盖面广、门类齐全的交通运输服务标准体系,颁布一批服务质量标准,规范服务行为,强化服务质量监管。

5. 提升企业服务能力。强化企业自身能力建设,着力解决企业服务能力不强、服务不规范等问题。研究制定促进龙头骨干企业发展的指导意见,支持企业做强做大,加快形成一批龙头骨干企业,更好地发挥示范带头引领作用。督促企业严格执行国家标准,鼓励企业制定更加严格、更高水平的企业标准,树立企业品牌。建立诚信经营、公平竞争的市场机制,推动先进组织方式和技术应用,提升交通运输行业整体服务能力和发展水平。

6. 建设职业化从业队伍。大力推进交通运输行业职业资格制度体系建设,规范从业人员服务操作规程,着力解决从业人员素质不高、服务不优等问题。加强交通运输职业分类等基础性研究和职业标准建设,推动人才队伍建设向职业资格化转型,加强从业人员职业道德和职业技能培训,促进技能劳动者整体素质的提高,努力造就一支规模宏大、素质优良、结构合理的职业化从业队伍。

……

(三)优化服务组织,提升交通运输服务便捷化水平。

……

15. 推进出租汽车服务多样化。科学界定出租汽车行业定位,规范出租汽车运营服务,创新运营服务方式,合理制定出租汽车运价,着力解决服务能力不足、服务水平不高等问题。制定出租汽车服务标准,在地级以上城市推广出租汽车服务管理信息系统,申请开通使用统一的出租汽车电召服务号码,推广手机智能召车软件,建立多层次、差异化的运输服务体系,满足人民群众个性化出行需要。

……

（四）加强市场监管，提升交通运输服务安全化水平。

18. 完善安全监管防控体系。树立以人为本、安全发展的理念，严格落实企业安全生产主体责任和行业管理部门监管责任，完善安全生产管理体制机制，着力解决安全管理理念不适应、法规制度不健全、责任落实不到位等问题。健全交通运输安全生产法规制度和标准体系，建立交通运输安全防控体系，强化安全监管和责任追究，严密防范和坚决遏制重特大事故。深入开展"平安交通"创建活动，出台安全风险体系建设指导意见，开展安全隐患排查和专项整治，推进企业安全生产标准化达标考评和达标等级应用工作。

19. 加强安全保障和应急处置能力建设。提升安全监管装备水平，加强应急体系建设，着力解决安全生产装备配置不足、应急处置能力不强等问题。加快安全防护设施建设和安全监管装备配备，加强公路安保、城市轨道交通运营安保、危桥改造、渡改桥等工程建设，开展码头结构加固改造和港口设施维护工作，提高安全生产保障能力。完善应急预案，构建应急指挥体系，推进国家和省级公路水路交通应急装备物资储备与救援中心建设，建立各级道路和水路运输应急保障运力储备，全面提升自然灾害、突发事件应急处置和抢险打捞能力。

……

（六）加快职能转变，提升便民利民政务公开化水平。

25. 推进管理职能转变。以行政审批制度改革为突破口，加快转变政府职能，着力解决行政管理效率不高等问题。深入推进交通运输行政审批制度改革，优化行政审批程序，推进行政许可网上办理。进一步强化市场服务，推进诚信体系建设，建成人民满意的政府服务部门。研究制定促进我国海运业健康发展的政策措施，创新管理制度，创造良好发展环境，增强企业应对当前航运危机和可持续发展能力。优化公路建设项目设计审批流程，承诺办理时限，提升服务水平。

26. 创新管理服务方式。推进管理创新，加大政府信息公开力度，着力解决服务意识不够、服务能力不强等问题。规范和做好重大节假日小型客车免费通行管理，实现常态化、规范化、制度化。推广应用驾驶员计时培训系统，方便公众学车，提高培训质量。加快国际航运中心建设，发布加快现代航运服务业发展意见，出台并试行无船承运人保证金保函制度，优化创新航运政策，促进我国航运健康发展。加强政府网站建设管理，建立健全网站运维管理机制和标准规范体系，强化资源整合与绩效考评，创新网站服务模式，拓展移动智能终端应用服务，提升网站服务能力。

……

28. 开通全国服务监督电话。统一交通运输服务监督电话号码，着力解决人民群众投诉渠道不畅通、投诉举报不方便等问题。建成以地方为主、联网运行的交通运输服务监督电话系统，实现交通运输服务监督、业务投诉、信息咨询、意见受理等服务"一号通"。

三、保障措施

……

（三）强化监督考核。

各地要对提升服务水平的重点任务，制定行动计划，建立考核制度，加强实施效果的动态跟踪和阶段性评估,并适时调整工作计划。加强服务标准规范研究制定,加快建立完善服务规章制度,推动服务工作规范化、制度化、常态化。大力推行服务质量达标、质量信誉考核等工作,建立企业提升服务水平的激励机制,推动交通运输行业向崇尚文明服务、优质服务方向发展。

(四)加强宣传引导。

各地要充分发挥媒体的舆论导向作用,大力宣传交通运输行业提升服务水平的工作举措。组织交通运输企业积极开展形式多样、生动活泼的群众性优质服务、文明创建活动和职业技能竞赛,发挥文明服务窗口的示范作用,树立先进典型,形成学习先进、崇尚先进、争当先进的良好风气,全面提升交通运输服务水平。

交通运输部

2013 年 8 月 31 日

9.《交通运输部　人力资源和社会保障部　全国总工会关于深化开展出租汽车行业和谐劳动关系创建活动的通知》(交运发〔2013〕546号)

交通运输部　人力资源和社会保障部
全国总工会关于深化开展出租汽车
行业和谐劳动关系创建活动的通知

各省、自治区、直辖市、新疆生产建设兵团交通运输厅(局、委)、人力资源社会保障厅(局)、总工会:

2012年1月,交通运输部、人力资源和社会保障部、全国总工会联合印发了《关于在出租汽车行业开展和谐劳动关系创建活动的通知》(交运发〔2012〕13号),对创建活动进行了部署。一年多来,各地交通运输、人力资源社会保障部门和工会加强沟通协调配合,细化工作方案,精心组织实施,创建活动取得了阶段性成果。为推动创建活动持续深入开展,现将有关事项通知如下:

一、进一步认识创建活动的重要性

劳动关系是生产关系的重要组成部分。构建和谐劳动关系是建设社会主义和谐社会的重要基础。在全国出租汽车行业开展和谐劳动关系创建活动,是加强和创新行业管理的重要抓手,是实现行业和谐的重要保障,是促进行业健康发展的重要举措。创建活动开展以来,各地按照交通运输部、人力资源社会保障部、全国总工会的统一部署和要求,稳步推进创建活动各项工作,取得了较大成绩。但一些地方、单位还存在思想认识不到位、创建思路不清晰、活动开展不均衡、企业参与不主动等突出问题,影响和制约着创建活动深入开展。今年是创建活动的关键时期和攻坚阶段,各地区、各部门要按照统一部署和要求,从保障改善民生、增进人民福祉、构建和谐社会的高度,深刻认识创建活动的重要性。各地要进一步提高思想认识,克服畏难情绪,消除等待思想,增强创建活动开展的责任感、使命感和紧迫感。要进一步突出创建活动工作重点,把措施落实到行动中,把责任落实到岗位上,全面贯彻落实创建活动的各项内容和要求。要在地方人民政府的统一领导下,将和谐劳动关系创建活动作为今后一段时期出租汽车管理工作的重点,与质量信誉考核、行业监管和推动行业转型发展结合起来,进一步创新工作方法,加大工作力度,采取有力措施,推动和谐劳动关系创建活动不断深入,促进出租汽车行业健康发展。

二、持续深入开展创建活动

各地要按照创建活动的总体要求,把创建活动作为加强和改进出租汽车管理的有力抓手,紧密结合各地实际,突出工作重点,细化工作措施,持续深入地推进创建活动。

(一)积极推动出租汽车企业实行员工制管理。

各地人力资源社会保障、交通运输、工会等部门要指导和督促出租汽车企业实行员工制管理,切实履行各项劳动保障法律法规,与驾驶员依法签订劳动合同,参加社会保险。推动出租汽车企业加快组建工会,发挥工会作用,以工资、劳动定额、承包费用、休息休假、劳动条件等为重点,积极开展集体协商签订集体合同,建立健全驾驶员收入正常增长机制,实现驾驶员收入正常增长。对尚未实行员工制经营的出租汽车企业,鼓励通过深化改革经营模式,逐步推进员工制管理,为依法建立劳动关系奠定良好基础。

(二)推进尚未实行员工制经营企业保障驾驶员权益。

各地人力资源社会保障、交通运输、工会等部门要为尚未实行员工制经营企业的驾驶员参加社会保险创造条件。推动尚未实行员工制经营企业的驾驶员以灵活就业人员身份参加基本养老保险和基本医疗保险,由个人按照规定缴纳社会保险费,解决驾驶员的后顾之忧,使驾驶员安心工作。各地可根据实际,通过行业协会等组织,探索制定尚未实行员工制经营企业的承包管理费最高限额标准。

(三)鼓励发展公车公营企业。

加快建立促进公车公营企业发展的长效机制,今后新投放的出租汽车运力,可在出租汽车经营权服务质量招投标中,优先投放给公车公营企业。出租汽车企业把公车承包经营转为公车公营的,交通运输主管部门可根据实际情况给予一定的运力奖励指标。各地对公车公营企业,可在服务质量信誉考核中加分,在先进单位评比中优先考虑。

(四)规范出租汽车企业经营管理。

贯彻落实《国务院办公厅关于进一步加强管理促进出租汽车行业健康发展的通知》(国办发〔2008〕125 号)要求,严禁企业向驾驶员收取高额风险抵押金和高额保证金。积极推动出租汽车企业与主班、副班驾驶员分别签订劳动合同或经营合同,防止驾驶员将经营权擅自转包。积极推动出租汽车企业按照权责对等、风险共担的原则,根据出租汽车经营成本、市场状况、车辆使用年限、运价结构、驾驶员休息休假情况等因素,合理确定承包经营费用和劳动定额标准。依托职工代表大会,建立健全厂务公开制度和企业成本核算机制,定期公示管理和服务费用。

(五)保障驾驶员休息权利。

加快建设高素质职业化的驾驶员队伍。积极探索通过多种方式落实驾驶员每周至少休息一天的要求,保护驾驶员的身心健康。积极推动出租汽车企业建立替班驾驶员队伍,配备必要的替班驾驶员。鼓励通过减免驾驶员休息日经营承包费用,从制度上让驾驶员放心休息。加大与价格主管部门的沟通协调,通过调整出租汽车运价,使驾驶员在合理的工作时间有稳定收入,从机制上让驾驶员安心休息。企业应督促和监督驾驶员根据工作特点自行合理安排作息时间,落实休息制度,避免超时、超强度劳动。各地还可在交通高峰时段,探索实行差别化运价,增加驾驶员收入,提高驾驶员运营的积极性,缓解“打车难”问题。

(六)建立健全关爱驾驶员制度。

出租汽车企业要建立健全驾驶员奖励、关爱制度,定期对无事故、无违章、无投诉的驾驶员进行奖励,开展送温暖、帮困扶难、思想交流及各种文化活动,增强驾驶员对企业的归属感和职业自豪感，促进企业与驾驶员形成利益共同体、事业共同体和命运共同体。

（七）改善出租汽车经营条件。

积极争取地方人民政府支持，增设出租汽车停靠站点，加快建设出租汽车服务区和出租汽车待客免费专用停车泊位等运营配套设施，方便驾驶员休息，为驾驶员运营创造良好环境。建立完善和严格落实出租汽车运价与成品油价格的联动机制，明确基准点、启动点和启动程序，及时疏导油价上涨增加的运营成本。进一步创新出租汽车服务模式，探索发展不巡游揽客的预约出租汽车，加快建设出租汽车服务管理信息系统，大力推广电话约车、手机终端软件约车服务，挖掘出租汽车运力潜能，提高出租汽车运行效率，降低驾驶员劳动强度。

三、切实加强创建活动的组织领导

各地要切实加强创建活动的组织领导，建立分工明确、运转协调、组织有力的工作机制，扎实推进创建活动各项工作。

一是完善工作机制。各地交通运输、人力资源社会保障部门和工会要在地方人民政府的统一领导下，按照创建活动领导小组的统一部署，不断完善工作机制，明确职责分工和各自工作任务，加强协调配合，形成工作合力，深入开展创建活动，及时解决创建活动中的热点、难点问题。

二是加强监督检查。省级交通运输、人力资源社会保障部门和工会要进一步加强对各地创建活动的指导力度，加强对创建活动的督促检查。对创建活动工作不力、进度滞后的，要深入查找原因，分析存在问题，加强工作指导，必要时予以通报批评，并督促整改，确保创建活动深入开展。

三是注重典型引领。进一步培育和树立创建活动涌现出的先进集体和个人。各地要认真学习创建活动先进集体和个人的做法和经验，通过召开经验交流会、座谈会等方式，发挥典型引领和示范带动作用，引导创建活动全面深入推进。各地要及时总结经验，加强信息报送，广泛宣传报道，大力弘扬典型，营造良好的社会舆论氛围。

交通运输部
人力资源和社会保障部
全国总工会
2013 年 9 月 10 日

10.《交通运输部办公厅关于促进手机软件召车等出租企业电召服务有序发展的通知》(交办运〔2014〕137号)

交通运输部办公厅关于促进手机软件召车等出租企业电召服务有序发展的通知

各省、自治区、直辖市、新疆生产建设兵团交通运输厅(局、委),天津市交通运输和港口管理局:

为适应手机软件召车等出租汽车电召服务快速普及推广的新形势,维护出租汽车市场良好秩序,提升出租汽车服务质量,保障广大乘客及各方合法权益,促进出租汽车行业健康发展,经交通运输部同意,现就有关事项通知如下:

一、促进各类出租汽车电召服务协调有序发展

发展出租汽车电召服务,对转变出租汽车运营模式、方便乘客出行、提升服务质量、缓解交通拥堵、促进节能减排具有重要意义。出租汽车电召服务包括人工电话召车、手机软件召车、网络约车等多种服务方式。其中,手机软件召车能够为乘客提供高效便利出行服务,有利于提高服务效率和服务水平;人工电话召车能够为不使用手机软件召车的乘客提供基本电召服务,可有效保障群众公平享有便利出行服务。各地方交通运输主管部门要加强顶层规划设计,着力营造开放、公平、规范、有序的健康发展环境,积极鼓励支持各类出租汽车电召服务方式协调发展,推动建立高品质、多形式的出租汽车服务体系,保障人民群众享有均等化出行服务,为人民群众出行提供更加便利的条件。

二、加快实现出租汽车服务管理信息共享

各地方交通运输主管部门要加快推动城市出租汽车服务管理信息系统与手机软件召车服务系统实现信息共享和互联互通。共享信息应当包括出租汽车车辆和驾驶员基本信息、地理位置信息、空重车信息、服务质量信誉考核信息,以及电召服务预约、派单、应答、服务和驾驶员服务质量评价等信息。通过信息同步等技术手段,逐步实现对出租汽车电召服务的完整记录、及时跟踪和全过程监管。

三、严格驾驶员终端软件发放与使用管理

各地方交通运输主管部门要对驾驶员终端软件的发放与使用加强监督与管理,完善管理制度,规范管理程序,防止利用手机召车软件进行非法营运。发放驾驶员终端软件时,应当与城市出租汽车服务管理信息系统中相关信息进行比对,验证申请注册的驾驶员和车辆具备合法营运资格后方可予以发放。出租汽车驾驶员取得驾驶员终端软件使用权限后,不

得转让或者租借给他人使用,丢失或更换手机时应当及时注销或更新服务账户信息。在手机软件召车服务过程中,应对驾驶员终端软件卫星定位系统地理位置与对应的出租汽车车载终端地理位置进行比对,确认经纬度位置基本重合后方可推送即时召车订单信息。

四、逐步实现出租汽车电召服务统一接入管理

各地方交通运输主管部门应当加强出租汽车电召服务的统一接入和管理,逐步实现各类出租汽车电召需求信息通过统一的城市出租汽车服务管理信息平台运转、全过程记录和播报,播报时并应明确召车需求信息的来源渠道。其中,手机软件召车需求信息可在城市出租汽车服务管理信息平台运转后推送至驾驶员手机终端播报,但平台运转不得影响手机召车软件的正当功能及良性竞争。对于当前出租汽车车载终端设备功能及配置条件相对落后、不能保障手机软件召车服务高质量高效率运行的城市,交通运输主管部门要加快推动出租汽车车载终端设备的升级改造,并鼓励支持市场各方研发推广适应手机软件召车等各种电召服务方式发展的高性能车载终端设备。鼓励手机软件召车信息服务商发挥自身优势,加强订单管理,优化派单规则,提升服务水平,并参与出租汽车服务管理信息平台建设和技术改造。

五、保障出租汽车电召服务安全规范

出租汽车经营者要严格按照相关道路交通安全管理规定,规范安装出租汽车专用车载设施设备,不得违规在车内悬挂或者放置影响行车安全的设施设备。出租汽车驾驶员行车过程中不得接打和使用手机。使用手机查询或者应答召车业务的,应当在不影响行车安全的状态下进行。鼓励研发使用符合安全规定、方便驾驶员操作的新型应答接单硬件设施设备。出租汽车驾驶员在接单即时召车业务成功后,应当按照规定开启电召服务标志或暂停运营标志,并准时到达约定地点。对接单后未按承诺提供出租汽车电召服务的,视为拒载行为。鼓励引导社会各方力量发挥市场作用,共同建立诚信档案和奖惩机制,加快出租汽车驾驶员和乘客电召服务诚信体系建设。要进一步完善城市出租汽车服务管理信息系统和手机召车软件功能设置,逐步实现即时召车需求信息只能向空载出租汽车推送和播报,同时有效防止使用手机召车软件发布不良信息等行为。

六、严格执行出租汽车价格管理规定

出租汽车电召服务收费,应当符合当地的出租汽车运价管理相关规定,不得违反规定加价、议价,保障广大乘客的正当权益,维护出租汽车市场正常秩序。对违反规定收取其他费用的,乘客有权拒付车费,并可向城市交通运输主管部门投诉。城市交通运输主管部门要监督出租汽车驾驶员按照有关规定收取费用,防止和打击乱收费、乱涨价行为。实行市场奖励计划应当提前 10 日与城市交通运输主管部门沟通,并提前 5 日向社会公布奖励计划实施标准和时限,切实保持公共服务均等化,避免造成市场供需状况大幅波动,影响部分社会公众乘坐出租汽车出行。

七、加强手机软件召车服务市场监管

各地方交通运输主管部门要加强对手机软件召车服务的市场监管,保护各方合法权益。

各地方交通运输主管部门要结合本地实际，合理确定手机软件召车服务时间和服务范围。在机场、火车站等设立统一出租汽车调度服务站或实行排队候客的场所，出租汽车驾驶员应当服从调度指挥，按顺序排队候客，不得通过手机召车软件等方式在排队候客区揽客。对于不按要求接入城市出租汽车服务管理信息系统、不完整同步实现信息共享、不接受统一接入管理、违规发放驾驶员终端软件、在软件上提供违规加价议价功能及其他扰乱市场秩序的行为，各地方交通运输主管部门要协调督促手机软件召车信息服务商及时进行整改。对整改不力或拒不整改的，可要求出租汽车企业与驾驶员暂停使用该手机召车软件。

八、全面推进出租汽车信息化建设

各地方交通运输主管部门要适应出租汽车行业服务新要求，加快建立完善城市出租汽车服务管理信息系统。对于尚未建立出租汽车服务管理信息系统的城市，或者已经建立但总体功能与设施设备等不能满足电召服务发展需求和本通知要求的，城市交通运输主管部门要积极向当地人民政府汇报，争取有关方面支持，按照《出租汽车服务管理信息系统》(JT/T 905—2014)等相关技术标准的要求，加快推进出租汽车服务管理信息系统建设或升级改造，并将手机软件召车等各类出租汽车电召服务方式统筹考虑。在出租汽车服务管理信息系统建立完善之前需要推行手机软件召车服务的，城市交通运输主管部门应当结合当地实际，制订过渡期间的实施方案并严格实施，维护出租汽车市场秩序和各方合法权益。为避免重复开发和资金浪费，部组织部公路科学研究院在总结全国出租汽车服务管理信息系统试点工作经验的基础上，研究开发了城市出租汽车服务管理信息系统通用版本软件，各地可自愿免费选用。

各地方交通运输主管部门要继续鼓励以移动互联网为代表的新一代信息技术在出租汽车行业的融合创新，积极探索发展各类新型服务模式，全面推动出租汽车行业转型升级，促进出租汽车均等化服务水平不断提升，更好地保障人民群众便利出行。各地有关手机软件召车等出租汽车电召服务发展问题和意见建议，请及时向交通运输部运输司反映。

交通运输部办公厅
2014 年 7 月 9 日

11.《交通运输部关于加快推进新能源汽车在交通运输行业推广应用的实施意见》(交运发〔2015〕34号)(节选)

交通运输部关于加快推进新能源汽车在交通运输行业推广应用的实施意见

……

一、总体要求

1. 深刻领会《指导意见》的精神实质。

新能源汽车作为战略性新兴产业,代表汽车产业的发展方向,发展新能源汽车,对我国改善能源消费结构、减少空气污染、推动汽车产业和交通运输行业转型升级具有积极意义。党中央、国务院高度重视新能源汽车产业发展,将发展新能源汽车确定为国家战略。《指导意见》针对我国新能源汽车发展现状,明确了推进新能源汽车发展的指导思想、基本原则、发展政策和保障机制,是加快新能源汽车推广应用的重要纲领。交通运输行业是新能源汽车推广应用的重要领域之一,是在公共服务领域推广应用的主力军,各级交通运输主管部门要认真学习领会《指导意见》的精神实质,认真进行贯彻落实。要以加快转变交通运输发展方式为主线,以服务绿色交通建设为目标,以优化交通运输能源消费结构为核心,创新推广应用模式、落实扶持政策、完善体制机制,加快推进新能源汽车在交通运输行业的推广应用。

2. 基本原则。

——坚持政策引导。完善和落实对新能源汽车推广应用的扶持政策,营造有利于新能源汽车在交通运输行业推广应用的政策环境,引导交通运输企业主动、更多选择新能源汽车。

——坚持市场主导。坚持企业的主体地位,发挥市场配置资源的决定性作用,创新推广应用模式,规范市场运行规则,努力降低新能源汽车购买、运营、维护、电池回收的全寿命成本,激发企业积极性,实现新能源汽车在交通运输行业的可持续应用。

——坚持重点推进。车型选择上,重点推广应用插电式(含增程式)混合动力汽车、纯电动汽车,积极推广应用燃料电池汽车,研究推广应用储能式超级电容汽车等其他新能源汽车。行业选择上,重点在城市公交、出租汽车和城市物流配送领域,并积极拓展到汽车租赁和邮政快递等领域。

——坚持因地制宜。在地方人民政府领导下,结合交通运输运营组织的实际情况和发展需要,做好新能源汽车技术选型论证及相关工作,积极稳妥地推进新能源汽车在交通运输行业的推广应用工作。

3. 总体目标。

至 2020 年，新能源汽车在交通运输行业的应用初具规模，在城市公交、出租汽车和城市物流配送等领域的总量达到 30 万辆；新能源汽车配套服务设施基本完备，新能源汽车运营效率和安全水平明显提升。具体体现在：

——应用规模显著扩大。新能源汽车占城市公交车、出租汽车和城市物流配送车辆的比例显著提升，充换电配套设施服务更加完善。公交都市创建城市新增或更新城市公交车、出租汽车和城市物流配送车辆中，新能源汽车比例不低于 30%；京津冀地区新增或更新城市公交车、出租汽车和城市物流配送车辆中，新能源汽车比例不低于 35%。到 2020 年，新能源城市公交车达到 20 万辆，新能源出租汽车和城市物流配送车辆共达到 10 万辆。

——使用效果显著提升。新能源汽车在交通运输行业的运营效率明显提升，纯电动汽车运营效率不低于同车长燃油车辆的 85%。投入交通运输行业的新能源汽车可靠性显著增强，车辆故障率明显降低。

——可持续发展能力显著提升。新能源汽车在交通运输行业推广应用的法规政策和标准规范体系基本建立，可持续发展的机制比较完善；新能源汽车购买、运营、维护成本显著下降，交通运输企业购买使用新能源汽车的主动性明显增强。

二、主要任务

4. 加强规划引领。结合城市经济社会发展特点、城市交通发展和居民出行需要，将新能源汽车推广应用纳入城市公共交通规划和城市综合交通运输体系规划，明确新能源汽车推广应用目标、技术路线、重点任务和配套政策，并按照“适度超前、科学布局”的原则，提出充换电设施总量和布局需求。要积极配合有关部门，将必要的充换电设施纳入城市电力发展规划和城市电网的建设与改造规划。

5. 完善实施方案。按照“统筹规划、分步实施”原则，编制交通运输行业新能源汽车推广应用实施方案和年度实施计划，并合理确定车型和运力规模。鼓励集约化程度高、管理制度完善、运营规范的交通运输企业投资使用新能源汽车和建设充换电设施。根据新能源汽车技术特点、本地实际和运营需求，优化运营调度和设施布局，提高新能源汽车的运营效率。

6. 严格新能源汽车技术选型。结合本地城市交通通行和公交线网、出租汽车车型结构、城市物流配送通行管理状况，科学选择新能源汽车车型。新能源汽车必须符合国家有关技术标准，新能源公交车还应满足《公共汽车类型划分及等级评定》（JT/T 888—2014），配置安全监控管理系统、电池箱专用自动灭火装置等安全设备；车辆内饰及地板阻燃性能符合国家和行业相关标准要求。新能源城市物流配送车辆还应满足《城市物流配送汽车选型技术要求》（GB/T 29912—2013）。新能源汽车整车及关键部件（电机及其控制器、电池及管理系统、车载充电设备等）质量保证期不低于 3 年，并通过 15000km 可靠性检测；核定成员数不低于同车长燃油车辆的 85%；动力电池系统总质量与整车整备质量的比值不大于 20%，质保期内电池容量衰减率不超过 15%，整车动力电池组循环寿命达到 1000 次以上。优先选择续驶里程长、可靠性高的新能源汽车，对纯电动公交车（超级电容、钛酸锂快充纯电动公交车除外），原则上应选择续驶里程不低于 200km 的汽车车型。鼓励新能源汽车生产企业研究开发适合交通运输运营组织需要的新能源汽车专用车型。

7. 推动完善充换电设施。积极争取城市人民政府支持，在旧城改造和新城规划建设时，结合城市公交车、出租汽车、城市物流配送和邮政快递车辆的实际需求，配合有关部门加快配套建设必要的充换电设施。在规划建设城市综合客运枢纽、公交枢纽、出租汽车运营站、城市物流配送中心和服务区、快递物流园区时，要根据需求配建快速充换电设施；在规划建设城市公交停车场、保养场、维修厂、出租汽车停车场时，要考虑配建“慢充为主、快充为辅”的充电设施。对现有城市公交、出租汽车、城市物流配送场站，符合配建条件的，结合实际需求，加快建设完善充换电设施。鼓励和支持社会资本进入交通运输行业新能源汽车充换电设施建设和运营、整车租赁、电池租赁和回收等服务领域。

8. 推动落实扶持政策。积极配合同级财政、税务等部门，做好车辆购置税优惠政策落实工作，在 2014 年 9 月 1 日至 2017 年 12 月 31 日间，对纯电动汽车、插电式（含增程式）混合动力汽车和燃料电池汽车免征车辆购置税。要积极配合同级财政、发展改革部门，制定本地区新能源汽车推广应用的支持政策，在新能源汽车购置补贴、贷款贴息、运营补贴、充换电基础设施维护、推广应用宣传及科研补助等方面给予必要的支持。要配合做好城市公交车成品油价格补贴政策改革，积极落实相关政策要求，将补贴额度与新能源公交车推广目标完成情况相挂钩，形成鼓励新能源公交车应用、限制燃油公交车增长的机制。积极配合有关部门，推动落实新能源汽车车船税优惠政策、消费税政策、充换电设施用地政策和用电价格优惠政策。

9. 完善新能源汽车运营政策。城市公交车、出租汽车运营权优先授予新能源汽车，并向新能源汽车推广应用程度高的交通运输企业倾斜或成立专门的新能源汽车运输企业。争取当地人民政府支持，对新能源汽车不限行、不限购，对新能源出租汽车的运营权指标适当放宽。

……

11. 加强安全和应急管理。督促相关交通运输企业落实安全生产主体责任，切实加强对所属驾驶员、乘务员和车辆的管理。加强新能源汽车运营安全监控，纳入城市交通智能化运营监控平台，并完善新能源汽车基础信息。督促相关交通运输企业在新能源公交车、出租汽车上加快安装实时监控装置，对车辆运行技术状态、充电状态、电池单体进行实时监控和动态管理，并建立新能源汽车运行数据采集和统计分析系统，为新能源汽车安全运行提供基础支撑。督促交通运输企业建立健全新能源汽车定期检查、维护和修理制度，加强新能源汽车技术管理，建立新能源汽车全生命周期运营档案。制定新能源汽车抛锚、运营周转不畅、恶劣天气、客流激增下的应急处置程序和措施，提高应急处置能力。

三、保障措施

12. 加强组织领导。按照各地新能源汽车推广应用工作联席会议制度的有关要求，主动作为，加强协调配合，推动细化新能源汽车在交通运输行业推广应用的支持政策和配套措施，形成多方合力，推进政策落实。紧密结合当地实际，加快制定交通运输行业贯彻落实《指导意见》的具体实施意见和行动计划，明确工作要求和时间进度，推进新能源汽车在交通运输行业的健康发展。

13. 加强法规制度和标准规范建设。积极推动城市公共交通、出租汽车和城市物流配送相关法规制度建设，为新能源汽车推广应用的方案编制、设施建设、车辆准入、驾驶员培训、安全管理和政策支持提供法制保障。加强新能源汽车推广应用技术支撑，研究制定新能源公交车、出租汽车、城市物流配送和邮政快递车辆技术准入和退出的标准规范、车辆和特有部件(电池等)维修服务规范等，建立完善新能源汽车使用环节的技术标准规范体系。

14. 加强技术保障。按照国家和行业有关标准要求，加强新能源汽车日常维护工作，保障车辆技术性能。加强城市公交线路布局、充换电设施配置、车线匹配等方面的研究，提高车辆运营效率。充分利用物联网、云计算等新技术，加强对新能源汽车运行数据的采集和分析，建立交通运输行业新能源汽车应用效果评估和反馈机制。积极协调有关部门，建立新能源汽车召回机制，及时召回故障率高，可靠性差的新能源汽车。引导新能源汽车生产企业加快建设售后服务体系，为新能源汽车正常运营提供及时高效的维修服务和必要的技术支撑。

15. 加强人才保障。重视发展职业教育和岗位技能培训，加大新能源汽车工程技术人员和专业技能人才的培养。开展对经营管理、车辆驾驶、维修保养、运营调度、应急管理等从业人员的专业技术培训，为新能源汽车的安全运营和管理提供人才保障。

16. 加强监督检查。各省级交通运输主管部门要加强对本辖区内各城市新能源公交车、出租汽车、城市物流配送车辆的推广应用情况的监督检查，全面评价推广应用目标完成情况、基础设施网络配套情况，并分别于每年 6 月底和 12 月底前向部报送新能源汽车推广应用情况(含分类保有量、分类新增数量及采取的主要措施)。部将适时组织对各省、自治区、直辖市在交通运输行业推广应用新能源汽车的情况进行监督检查。

17. 加强舆论宣传和引导。开展多层次、多样化的宣传活动，充分发挥媒体的舆论导向作用，大力宣传新能源汽车推广应用在环境改善、能源节约等方面的显著效果和重大作用。组织专家解读新能源汽车全寿命周期成本优势，提高公众对交通运输行业推广应用新能源汽车的认知度和接受度，形成有利于新能源汽车大规模推广应用的良好氛围。

交通运输部

2015 年 3 月 13 日

12.《交通运输部关于贯彻执行国务院办公厅有关专项督查黄标车淘汰工作以及做好环境保护部、公安部等五部委有关全面推进黄标车淘汰工作的通知》(交运函〔2015〕755 号)(节选)

交通运输部关于贯彻执行国务院办公厅有关专项督查黄标车淘汰工作以及做好环境保护部、公安部等五部委有关全面推进黄标车淘汰工作的通知

……

一、高度重视营运黄标车淘汰工作

今年国务院《政府工作报告》明确的工作目标是全部淘汰 2005 年底前注册运营的黄标车。淘汰黄标车工作是减少移动污染源排放、保护大气环境的重要举措。各级交通运输主管部门和道路运输管理机构务要高度重视,全面贯彻落实《国办通知》和《五部委通知》要求,进一步增强责任感和紧迫感,在地方人民政府领导下,积极配合有关部门,专题研究部署,确保完成全年营运黄标车淘汰的目标任务。

二、工作要求

(一)强化督促检查。各地交通运输部门和道路运输管理机构要严格按照《国办通知》和《五部委通知》要求,在地方政府领导下,积极开展营运黄标车集中清理工作,深入运输企业开展排查,建立健全在用营运黄标车辆明细台账,统计各车辆的注册登记年份、发放道路运输证时间、车主联系方式等基本信息,摸清营运黄标车辆底数,督促企业及时淘汰 2005 年底前注册登记的营运黄标车。综合运用道路运输班线资质审批及复核、道路运输证年度审验、道路运输车辆技术等级评定及复核等手段,督促经营业户按规定及时报废更新车辆。对达到汽车强制报废标准的营运车辆,各地交通运输部门和道路运输管理机构要督促运输企业按时依规做好报废工作。各地要在 2015 年 12 月底前完成年度黄标车淘汰相关工作任务,并在 2016 年 1 月 15 日前完成黄标车淘汰有关工作材料归档工作。

(二)加强政策引导。各地交通运输部门和道路运输管理机构要按照《五部委通知》要求,积极会同环保、财政等部门出台经济激励政策措施,加大营运黄标车淘汰补贴力度,尤其是对大型客货车、出租汽车、公交车进行补贴,引导车主积极报废更新车辆。

……

交通运输部
2015 年 11 月 3 日

13.《交通运输部办公厅关于做好2017年道路运输行业行车事故统计工作有关事项的通知》(交办运〔2017〕5号)(节选)

交通运输部办公厅关于做好2017年道路运输行业行车事故统计工作有关事项的通知

……

一、总说明

(一)为加强道路运输行业安全生产监督管理,做好道路运输行业行车事故统计工作,及时、准确、完整地反映道路运输行业行车事故情况,保障及时、有效开展道路运输行业行车事故应急处理和全面统计分析,特制定本统计报表制度。

(二)本报表制度的统计范围为城市公共交通企业、出租汽车企业及个体运输业户、道路运输企业及个体运输业户(以下简称运输经营者)在运输活动中所发生的行车事故(以下简称运输行业行车事故)。

(三)本报表制度由各级交通运输主管部门或道路运输管理机构组织实施,各地发生运输行业行车事故后,应按照本制度的要求及时上报。

(四)运输经营者发生运输行业行车事故后,应当迅速报告事故发生地和运输经营者所属地交通运输主管部门或道路运输管理机构。事故发生地和运输经营者所属地交通运输主管部门或道路运输管理机构接到报告后应当及时报告省级交通运输主管部门或道路运输管理机构。

(五)各省级交通运输主管部门或道路运输管理机构对辖区内所属运输经营者所发生的一次死亡3人及以上10人以下的行车事故(包括客运班线车辆、旅游车及包车、货运车辆(含危险化学品运输车)、城市公共汽电车、出租汽车、城市轨道交通车辆)、涉及外籍人员(包括港、澳、台)死亡的行车事故、造成重大污染的危险化学品(包括剧毒、放射、爆炸品等)运输事故,应当在接到报告后12小时之内按照《道路运输行业行车事故快报》的表式报交通运输部,并及时续报事故伤亡人数变化、事故调查和处理情况。

各省级交通运输主管部门或道路运输管理机构对辖区内及所属运输经营者所发生的一次死亡10人及以上的行车事故,应当在接到报告后2小时之内按照《道路运输行业行车事故快报》的表式报交通运输部,并及时续报事故伤亡人数变化、事故调查和处理情况。

(六)各省级交通运输主管部门或道路运输管理机构对辖区内所属运输经营者发生的一次死亡1人及以上的行车事故,应当按照《道路运输行业行车事故统计表》的表式按月汇总后,于每月15日之前将上月的统计表报交通运输部。

……

(十)本报表制度由交通运输部运输服务司统一组织,分级实施,由各级交通运输部门负责数据的审核和上报。

(十一)本报表制度中的数据仅限行业内使用,以通报形式在行业内公布。

二、报表目录(略)

三、调查表式(略)

四、指标解释及填报说明(略)

14.《交通运输部关于贯彻落实〈国务院办公厅关于深化改革推进出租汽车行业健康发展的指导意见〉的通知》(交运发〔2016〕135号)

交通运输部关于贯彻落实《国务院办公厅关于深化改革推进出租汽车行业健康发展的指导意见》的通知

各省、自治区、直辖市、新疆生产建设兵团交通运输厅(局、委):

2016年7月26日,国务院办公厅印发了《国务院办公厅关于深化改革推进出租汽车行业健康发展的指导意见》(国办发〔2016〕58号,以下简称《指导意见》)。7月27日,交通运输部会同工业和信息化部、公安部、商务部、工商总局、质检总局、国家网信办共7个部门联合发布《网络预约出租汽车经营服务管理暂行办法》(交通运输部令2016年第60号,以下简称《管理办法》),将于2016年11月1日起正式实施。现就做好《指导意见》和《管理办法》的贯彻落实工作通知如下:

一、充分认识文件出台的重大意义

出租汽车行业改革与发展事关人民群众出行,事关社会稳定大局。党中央、国务院高度重视出租汽车行业改革发展稳定工作。《指导意见》和《管理办法》两份文件制定过程中,充分征求和广泛吸收了各级人民政府、各相关部门、专家学者、行业协会、出租汽车企业、网约车企业及从业人员、消费者等社会各方面的意见和建议,凝聚了各方共识。两份文件坚持“乘客为本、改革创新、统筹兼顾、依法规范、属地管理”的原则,突出了供给侧结构性改革,明确了出租汽车在城市综合交通运输体系中的定位,充分考虑了传统行业长期积累的复杂历史矛盾和互联网新业态带来的新机遇、新挑战,注重中央顶层设计与地方实际的统分结合,是当前稳慎推进出租汽车行业体制改革和新业态创新规范发展的现实选择,对于指导地方推进出租汽车行业改革、改进提升运输服务水平、依法规范发展网络预约出租汽车、促进出租汽车行业长期稳定健康发展,具有十分重要的意义。

各地交通运输主管部门要充分认识当前深化出租汽车行业改革和规范网约车发展的重要性和紧迫性,切实把思想和行动统一到党中央、国务院的决策部署上来,提高思想认识,增强责任感和使命感,深刻领会两份文件的核心内涵,准确把握改革精神,抓住改革机遇,积极稳慎推进改革,更好地满足人民群众的多样化出行需求。

二、迅速贯彻落实文件精神

一是做好宣贯培训。交通运输部将于近期召集各省(区、市)交通运输部门以及省会城市、计划单列市和部分改革任务较重的城市交通运输部门有关同志，全面解读《指导意见》《管理办法》和配套制度，对关键问题进行重点讲解。在此基础上，各省（区、市）交通运输部门要结合本地实际，尽快研究制定宣贯方案和培训计划，广泛开展分级宣贯培训工作，对所辖市（区、县）交通运输部门进行宣贯培训，确保各地全面、准确、深刻理解两份文件。

二是制定实施方案。城市人民政府是出租汽车管理责任主体，两份文件在深化出租汽车行业改革和规范网约车发展方面，赋予了地方充分的自主权和政策空间。各城市交通运输部门要在城市人民政府的领导下，以两份文件为依据，结合地方实际，制定具体实施方案，明确改革重点，细化政策措施。既要适应“互联网＋”发展形势，勇于改革创新，也要考虑各地行业发展现状，积极稳妥、依法推进，妥善处理好改革、发展与稳定的关系；既要回应人民群众个性化出行的普遍关切，也要兼顾出租汽车行业经营者和从业人员的合理利益，统筹各方诉求，确保改革政策取得最大公约数、措施可行、操作性强。对经营权改革、网约车规范管理落地政策的推出及过渡方案等重大决策，要开展社会稳定风险评估，完善应急预案，保证各项改革工作稳妥顺利推进。各城市要切实承担主体责任，守土有责，在本通知下发之日起3个月内，完成实施细则的制定工作。

三是完善配套政策措施。交通运输部已同步完成对《出租汽车驾驶员从业资格管理规定》（交通运输部令2011年第13号）、《出租汽车经营服务管理规定》（交通运输部令2014年第16号）的修订，相关配套标准等也正在制修订过程中。各地交通运输部门要根据两份文件，抓紧对现有地方性出租汽车法规规章和相关管理政策进行梳理，提出修改完善意见，尽快按程序提请修订，并同步制定相关配套实施政策文件，健全法规体系，为依法规范出租汽车行业管理提供良好法律法规等制度保障。各地要加快推进城市交通供给侧结构性改革，深入实施城市公交优先发展战略，发挥城市公交在解决城市交通出行中的主体作用，加快建立公共交通导向的城市发展模式，扩大城市公共交通服务通达性，增强城市公共交通服务便利性，提高城市公共交通服务舒适性，努力提升城市公共交通竞争力和吸引力，引导广大人民群众优先选择公共交通出行。

四是积极稳妥组织实施。城市人民政府既是出租汽车管理的责任主体，也是维稳工作的责任主体。两份文件的出台为行业健康稳定发展指明了方向，但要清醒地认识到改革的长期性、复杂性、艰巨性，部分地区不稳定态势仍可能反复。各地交通运输部门要在当地人民政府的统一领导下，把握好改革节奏，和公安、维稳、应急、网信、宣传等部门一起，按照职责分工，密切协作配合，采取有效措施，切实维护出租汽车行业稳定。各地交通运输部门要组织力量深入企业和驾驶员一线，动员出租汽车企业认清行业发展形势、主动改革、加快转型升级步伐。各地出租汽车行业协会要主动作为，做好改革过程中政府和企业间信息沟通、工作联动及协调服务等工作。各地交通运输部门要畅通利益诉求渠道，引导利益各方依法依规表达诉求，要成立专门工作机构，每天收集分析舆情动态，对于发现的不稳定苗头和因素，要及时向地方人民政府报告，在当地人民政府的统一领导下，会同有关部门妥善应对，切实防止酿成群体性事件。对非法营运活动，要按照有关法律法规以及两份文件精神，依法依规予以查处；对违反法律法规、聚众扰乱社会秩序或煽动组织破坏营运秩序、损害公共利益的行为，要积极配合公安等部门，依法依规及时处置，切实维护行业和社会稳定。各省级交通运输部门要严格执行信息报告制度，按要求每天向部报送行业稳定相关情况。

五是加强舆论引导。地方各级交通运输部门要在当地人民政府领导下,加强与宣传、网信等部门的协调配合,积极通过电视、报纸、网络等媒体,多渠道、多形式地开展宣传活动,加强舆论引导,强化社会沟通,做好政策解读,传递改革声音,回应群众关切,引导各方预期。对两份文件的指导思想、基本原则和主要改革内容以及各城市的改革方案,要反复讲、深入讲,充分凝聚社会共识。同时,密切监测当地舆情,及时掌握舆论反映的热点焦点问题,对人为炒作和不实信息及时予以澄清,防止误读错读和负面炒作,为改革政策的落地实施营造良好的舆论氛围和社会环境。

三、切实加强组织领导

为打好深化出租汽车行业改革攻坚战,各城市交通运输部门要报请城市人民政府成立由市领导挂帅,交通运输部门牵头,宣传、维稳、发展改革(价格)、通信、公安、财政、人力资源社会保障、住房城乡建设、工商、网信、法制以及工会等多部门参与的深化出租汽车行业改革联合工作机构,明确任务分工,落实工作责任,形成统一领导、分工协作、部门联动、齐抓共管的工作格局,切实加强改革组织保障,确保改革取得实效。

各省级交通运输部门要立即将本通知精神向省人民政府报告,有针对性地加强对本地区各城市改革的督促指导。对改革工作进展情况,以及改革过程中遇到的困难和问题,及时向我部报告;辖区内有关城市的实施细则,请省级交通运输部门及时报部。

交通运输部

2016 年 7 月 27 日

15.《交通运输部办公厅关于明确网络预约出租汽车服务许可证件式样的通知》(交办运〔2016〕136号)

交通运输部办公厅关于明确网络预约出租汽车服务许可证件式样的通知

各省、自治区、直辖市、新疆生产建设兵团交通运输厅(局、委):

按照《网络预约出租汽车经营服务管理暂行办法》(交通运输部　工业和信息化部　公安部　商务部　工商总局　质检总局　国家网信办令2016年第60号)、《出租汽车驾驶员从业资格管理规定》(交通运输部令2016年第63号)有关规定,现将《网络预约出租汽车经营服务许可证》《网络预约出租汽车运输证》《网络预约出租汽车驾驶员证》证件式样等有关内容明确如下:

一、《网络预约出租汽车经营许可证》分正本、副本,式样见附件1,证件尺寸、图案、格式、文字、制作要求比照《道路运输经营许可证》要求。其中,"业户名称"栏填写应与企业法人营业执照上的名称相同,属于分支机构的在企业法人名称后加括弧,括弧内填写营业执照上的分支机构名称;"经营范围"栏填写"网络预约出租汽车客运";"地址"栏填写企业法人营业执照上地址,属于分支机构的在企业法人地址后加括弧,括弧内填写营业执照上的分支机构地址。

二、《网络预约出租汽车运输证》分主证、副证,式样见附件2,证件尺寸、图案、格式、文字、制作要求比照《道路运输证》要求。其中,"车辆所有人"栏填写应与《机动车登记证书》所注明的车辆所有人一致;"地址"栏填写企业经营场所地址或个人居住地全称;"经营范围"栏填写"网络预约出租汽车客运"。

三、《网络预约出租汽车驾驶员证》式样见附件3,证件尺寸、图案、格式、文字、制作要求比照《道路运输从业人员从业资格证》。其中,"网络预约出租汽车经营者记录"栏填写相应网约车平台公司,对于接入多家平台公司提供服务的,须分别注明,并由网约车平台公司盖章确认。《巡游出租汽车驾驶员证》式样在《网络预约出租汽车驾驶员证》式样基础上,将封面页"网络预约出租汽车"改为"巡游出租汽车",将第3~5页"网络预约出租汽车经营者记录"改为"注册记录""报备日期"改为"注册有效期"。

四、未尽事宜按现行有关规定执行。各地交通运输部门要强化服务意识,优化内部流程,严格按照本通知确定的证件式样和填写要求,确保网约车经营服务许可证件发放有关工作依法有序、规范推进。

附件1:网络预约出租汽车经营许可证式样(略)

附件2:网络预约出租汽车运输证式样(略)

附件3:网络预约出租汽车驾驶员证式样(略)

交通运输部办公厅
2016年10月21日

16.《交通运输部办公厅　工业和信息化部办公厅　公安部办公厅　中国人民银行办公厅　税务总局办公厅　国家网信办秘书局关于网络预约出租汽车经营者申请线上服务能力认定工作流程的通知》(交办运〔2016〕143号)

交通运输部办公厅　工业和信息化部办公厅
公安部办公厅　中国人民银行办公厅
税务总局办公厅　国家网信办秘书局
关于网络预约出租汽车经营者申请
线上服务能力认定工作流程的通知

各省、自治区、直辖市、新疆生产建设兵团交通运输厅(局、委)、通信管理局、公安厅(局)、国家税务局、地方税务局、网信办,中国人民银行上海总部、各分行、营业管理部、省会(首府)城市中心支行、副省级城市中心支行:

按照《网络预约出租汽车经营服务管理暂行办法》(交通运输部　工业和信息化部　公安部　商务部　工商总局　质检总局　国家网信办令2016年第60号)的规定,为优化服务、规范操作,方便网络预约出租汽车(以下简称网约车)经营者,现将网约车经营线上服务能力认定工作流程通知如下。

一、申请从事网约车经营的,应向企业注册地相应出租汽车行政主管部门提交线上服务能力材料,具体包括如下内容。

(一)具备互联网平台和信息数据交互处理能力的证明材料。

1.技术研发和维护部门架构及人员证明材料,包括身份证明、技术能力证明及工作合同等材料;拟从事网约车业务的服务器及网络设备的采购或者租赁协议,服务器托管协议或互联网接入协议;平台软硬件及最大处理能力、数据库最大存储能力等情况说明。

2.面向乘客和驾驶员移动互联网应用程序(APP)的信息内容和服务功能。

(二)具备供相关监管部门依法调取查询相关网络数据信息条件的证明材料。

3.配合依法查询、调取相关数据信息的功能设计、工作制度和责任机构、责任人以及联系方式等。

(三)数据库接入情况。

4.提供由国务院交通运输主管部门出具的数据库具备接入交通运输部网约车监管信息交互平台条件的情况说明。只为本地提供服务的平台公司,可提供由服务所在地出租汽车行政主管部门出具的具备数据库接入当地监管平台条件的情况说明。

（四）服务器设置在中国内地的情况说明。

5. 网络应用、数据等所有服务器机房地址、接入地址、IP 地址、用途分工等情况说明。

（五）网络安全管理制度和安全保护技术措施文本。

6. 网络与信息系统安全等级保护定级报告、专家评审意见、备案证明及测评报告。

7. 网络安全防护水平、网络数据安全和个人信息保护措施满足通信行业网络安全管理相关要求的证明材料。

8. 具有完备的用户真实身份认证管理制度、措施，个人隐私数据保护措施和数据跨境流动情况说明。

9. 网络服务平台后台的用户信息、日志记录、留存技术措施，有害信息屏蔽、过滤等安全防范技术措施的说明材料。

10. 为依法防范、调查恐怖活动提供技术接口的说明材料。

11. 网络与信息安全保障制度文本、互联网新技术新业务安全评估制度文本、应急处置预案文本，企业保证服务质量、信息和数据安全的承诺书。

12. 网上内容处置能力证明材料，网约车平台是否具备信息发布、评论跟帖、动员能力的群组等功能的情况说明。企业保证不应用网约车平台发布有害信息，不为企业、个人及其他团体组织发布有害信息提供便利的承诺书。

（六）提供支付结算服务的银行或者非银行支付机构签订的协议范本。

13. 企业与银行或非银行支付机构合作业务模式的详细描述，包括企业与银行或非银行支付机构签订的协议文本、企业是否设立资金池、是否为用户开立支付账户等情况的说明。

二、企业注册地相应出租汽车行政主管部门受理从事网约车经营申请后，应在 2 日内将线上服务能力材料以及《网络预约出租汽车经营服务管理暂行办法》附件中规定的网络预约出租汽车经营申请表、企业法人营业执照和经营管理制度、安全生产管理制度文本报省级交通运输主管部门。

省级交通运输主管部门接到证明材料后，负责审核第 2、3、4 项证明材料，并在 2 日内，将网络预约出租汽车经营申请表、企业法人营业执照和经营管理制度、安全生产管理制度文本转送同级通信、公安、税务、人民银行、网信等部门，同时将第 1、2、3、5、7、9、11 项证明材料转送同级通信主管部门审核，将第 3、5、6、8、9、10、11、12 项证明材料转送同级公安机关审核，将第 3 项证明材料转送同级税务机关审核，将第 13 项材料转送同级人民银行分支机构审核，将第 12 项证明材料转送同级网信部门审核。

各地可探索通过网上办理、联合办公等多种形式提高审核效率。

三、各省级通信、公安、税务、人民银行、网信等部门应当在 10 日内向省级交通运输主管部门反馈正式书面审核意见。省级交通运输主管部门对各相关部门均反馈通过审核意见的，出具具备线上服务能力认定结果（格式见附件 1），对有反馈未通过审核意见的，出具不具备线上服务能力意见告知书（格式见附件 2）。省级交通运输主管部门自企业注册地出租汽车行政主管部门受理申请之日起 18 日内，将认定结果或意见告知书提供给受理的出租汽车行政主管部门，同时上报国务院交通运输主管部门，国务院交通运输主管部门转送国务院通信、公安、税务、人民银行、网信主管部门。

因申请人补充材料造成的时间延误不计算在相应部门审核材料的时间要求内。

因企业注册地和服务器所在地不属同一省份等情况,各部门内部对线上服务能力审核工作需跨省份协同配合的,按各部门要求办理。

四、对于企业注册地和服务器所在地不属同一省份的或者证明材料情况较为复杂的,认定时间可以延长10日,受理申请的出租汽车行政主管部门应当及时通知申请人并告知理由。

五、建设全国网约车监管信息交互平台,统一接入网约车经营者的数据(具体数据内容和格式见附件3),方便网约车经营者与各城市监管平台的信息交换,并实现相关部门间和各部门内部信息共享,提高服务效率,优化营商环境。

附件1:申请从事网约车经营具备线上服务能力的认定结果(略)

附件2:申请从事网约车经营不具备线上服务能力的意见告知书(略)

附件3:网络车监管信息交互平台数据内容(略)

交通运输部办公厅

工业和信息化部办公厅

公安部办公厅

中国人民银行办公厅

税务总局办公厅

国家网信办秘书局

2016年11月3日

17.《交通运输部办公厅关于网络预约出租汽车车辆准入和退出有关工作流程的通知》(交办运〔2016〕144 号)

交通运输部办公厅关于网络预约出租汽车车辆准入和退出有关工作流程的通知

各省、自治区、直辖市、新疆生产建设兵团交通运输厅(局、委):

按照《中华人民共和国道路交通安全法》及《网络预约出租汽车经营服务管理暂行办法》(交通运输部　工业和信息化部　公安部　商务部　工商总局　质检总局　国家网信办令 2016 年第 60 号)等法律法规规定,为便利服务、简化程序、规范管理,经商公安部交通管理局,现将网络预约出租汽车车辆准入和退出有关工作流程通知如下:

一、网络预约出租汽车(以下简称"网约车")车辆按照营运载客汽车管理。办理准入和退出工作流程为:

(一)服务所在地出租汽车行政主管部门依车辆所有人或网约车平台公司申请,按《网络预约出租汽车经营服务管理暂行办法》及当地规定的具体条件,对拟从事网约车经营的车辆进行审核。在受理申请人提交材料、交验车辆 5 日内,将经审核符合条件的车辆信息向公安机关反馈,并将审核结果告知申请人。

(二)经审核符合条件的车辆,车辆所有人到公安机关办理车辆登记或变更,公安机关通过与出租汽车行政主管部门信息交换对相关信息进行核验,在受理申请 5 日内,对已通过出租汽车行政主管部门审核的车辆,登记或变更为"预约出租客运",并将相关信息向出租汽车行政主管部门反馈。办理变更不需要重新交验车辆。

(三)出租汽车行政主管部门接到公安机关反馈信息后 5 日内,对机动车行驶证已登记为"预约出租客运"的车辆发放《网络预约出租汽车运输证》,并通知申请人,同时通过信息交换将相关车辆信息向公安机关反馈。

(四)车辆按规定应退出网约车经营时,服务所在地出租汽车行政主管部门依法注销《网络预约出租汽车运输证》,并通过信息交换将相关车辆信息向公安机关反馈,供公安机关在车辆所有人申请变更时核验。

二、网约车车辆的安全技术检验和环保检验,自注册登记之日起,5 年内每年检验 1 次,超过 5 年的,每 6 个月检验 1 次。

三、网约车车辆投保交强险、第三者责任险等相关保险时,适用于营运客车类保险费率。

四、地方出租汽车行政主管部门和公安机关要加强相关信息系统之间的信息共享与互联互通,为车辆登记、证件发放等工作创新服务方式,提高办理效率,进一步便民利民。目前尚未建设管理系统、出租汽车行政主管部门与公安机关之间暂时不具备实现信息系统对接条件的地方,可通过光盘等物理介质,实现信息交换,办理有关业务工作。

交通运输部办公厅
2016 年 11 月 7 日

18.《交通运输部办公厅关于印发〈网络预约出租汽车监管信息交互平台总体技术要求(暂行)〉的通知》(交办运〔2016〕180 号)

交通运输部办公厅关于印发《网络预约出租汽车监管信息交互平台总体技术要求(暂行)》的通知

各省、自治区、直辖市、新疆生产建设兵团交通运输厅(局、委):

根据《网络预约出租汽车经营服务管理暂行办法》(交通运输部　工业和信息化部　公安部　商务部　工商总局　质检总局　国家网信办令 2016 年第 60 号)、《交通运输部办公厅　工业和信息化部办公厅　公安部办公厅　中国人民银行办公厅　税务总局办公厅　国家网信办秘书局关于网络预约出租汽车经营者申请线上服务能力认定工作流程的通知》(交办运〔2016〕143 号),为发挥互联网技术优势,营造网约车新业态发展的良好营商环境,满足行业监管的基本需要,部组织开发了网络预约出租汽车监管信息交互平台(以下简称网约车监管信息交互平台),并编制了《网络预约出租汽车监管信息交互平台总体技术要求(暂行)》(附件 1,以下简称《总体技术要求》)。现将有关事项通知如下:

一、网约车平台数据库接入网约车监管信息交互平台工作按以下流程开展:

(一)拟从事网约车经营业务的企业,应按照《总体技术要求》相关内容做好数据库对接技术准备工作,具备接入条件后,应填写网约车监管信息交互平台数据库接入联系函(附件 2),提交企业注册地相应出租汽车行政主管部门,同时提供企业基本信息表(附件 3)、网约车平台数据库接入准备情况表(附件 4)。

(二)企业注册地相应出租汽车行政主管部门收到材料后,对拟申请服务区域为全国的平台,应在 2 日内通过传真、电子邮件等形式,将企业提交材料(附件 2、3、4)报部,同时抄报省级交通运输部门。部接到企业提交材料后,具备技术接入条件的,应在 3 日内组织技术支持单位与企业进行技术对接,并出具情况说明;不具备技术接入条件的,将原因告知受理材料的出租汽车行政主管部门。

对拟申请服务区域为某个城市的平台,由服务所在地出租汽车行政主管部门在 3 日内组织技术支持单位与企业进行技术对接,并出具情况说明;企业不具备技术接入条件,应通知企业并告知原因;服务所在地出租汽车行政主管部门如不具备数据库接入能力,应在 2 日内将企业提交材料报部,同时抄报省级交通运输主管部门。

企业数据库接入情况说明或不具备技术接入条件的原因,由受理材料的出租汽车行政主管部门及时转送或告知企业。

二、各地交通运输主管部门要结合本地实际情况,认真贯彻实施《总体技术要求》,做好网约车监管信息交互平台的运行使用和维护,确保信息数据安全,切实有效开展行业监管工作。

三、中国交通通信信息中心作为网约车监管信息交互平台技术支持单位，要做好相关技术支撑和服务工作，及时解决各地交通运输主管部门和企业在平台使用操作、联调测试、数据对接等工作中遇到的困难和问题。

附件1：《网络预约出租汽车监管信息交互平台总体技术要求（暂行）》（略）

附件2：网约车监管信息交互平台数据库接入联系函（略）

附件3：企业基本信息表（略）

附件4：网约车平台数据库接入准备情况表（略）

交通运输部办公厅

2016年12月20日

19.《交通运输部关于印发〈交通运输企业安全生产标准化建设评价管理办法〉的通知》(交安监发〔2016〕133号)(节选)

交通运输部关于印发《交通运输企业安全生产标准化建设评价管理办法》的通知

……

第一章　总　　则

第一条　为推进交通运输企业安全生产标准化建设,规范评价工作,促进企业落实安全生产主体责任,依据《中华人民共和国安全生产法》,制定本办法。

第二条　本办法适用于中华人民共和国境内交通运输企业安全生产标准化建设评价及其监督管理工作。

第三条　交通运输部负责全国交通运输企业安全生产标准化建设工作的指导,具体负责一级评价机构的监督管理。

省级交通运输主管部门负责本管辖范围内交通运输企业安全生产标准化建设工作的指导,具体负责二、三级评价机构的监督管理。

……

第四条　交通运输企业安全生产标准化建设按领域分为道路运输、水路运输、港口营运、城市客运、交通运输工程建设、收费公路运营六个专业类型和其他类型(未列入前六种类型,但由交通运输管理部门审批或许可经营)。

道路运输专业类型含道路旅客运输、道路危险货物运输、道路普通货物运输、道路货物运输站场、汽车租赁、机动车维修和汽车客运站等类别;水路运输专业类型含水路旅客运输、水路普通货物运输、水路危险货物运输等类别;港口营运专业类型含港口客运、港口普通货物营运、港口危险货物营运等类别;城市客运专业类型含城市公共汽车客运、城市轨道交通运输和出租汽车营运等类别;交通运输工程建设专业类型含交通运输建筑施工企业和交通工程建设项目等类别;收费公路运营专业类型含高速公路运营、隧道运营和桥梁运营等类别。

第五条　交通运输企业安全生产标准化建设等级分为一级、二级、三级,其中一级为最高等级,三级为最低等级。水路危险货物运输、水路旅客运输、港口危险货物营运、城市轨道交通运输、高速公路、隧道和桥梁运营企业安全生产标准化建设等级不设三级,二级为最低等级。

……

第六条　交通运输企业安全生产标准化建设评价工作应坚持"政策引导、依法推进、政府监管、社会监督"的原则。

第七条 交通运输企业安全生产标准化建设评价及相关工作应统一通过交通运输企业安全生产标准化管理系统(简称管理系统)开展。

第八条 交通运输部通过购买服务委托管理维护单位,具体承担管理系统的管理、维护与数据分析、评审员能力测试题库维护、评价机构备案和档案管理等日常工作。各省级主管机关可根据需要通过购买服务委托省级管理维护单位承担相关日常工作。

第九条 管理维护单位应具备以下条件:

(一)具有独立法人资格,从事交通运输业务的事业单位或经批准注册的交通运输行业社团组织;

(二)具有相适应的固定办公场所、设施和必要的技术条件;

(三)配有满足工作所需的管理和技术人员;

(四)3 年内无重大违法记录,信用状况良好;

(五)具有完善的内部管理制度;

(六)法律、法规规定的其他条件。

第十条 主管机关应与委托的管理维护单位签订合同或协议,明确委托工作任务、要求及相关责任。

第十一条 管理维护单位因自身条件变化不满足第九条要求或不能履行合同承诺的,主管机关应解除合同并及时向社会公告。

第二章 评 审 员

第十二条 评审员是具有企业安全生产标准化建设评价能力,进入评审员名录的人员。

第十三条 凡遵守法律法规,恪守职业道德,符合下列条件,通过管理系统登记报备,经公示 5 个工作日,公示结果不影响登记备案的,自动录入评审员名录。

(一)具有全日制理工科大学本科及以上学历;

(二)具备中级及以上专业技术职称,或取得初级技术职称 5 年以上;

(三)具有 5 年及以上申报专业类型安全相关工作经历;

(四)身体健康,年龄不超过 70 周岁;

(五)同时登记备案不超过 3 个专业类型;

(六)通过管理系统相关专业类型专业知识、技能和评价规则的在线测试;

(七)申请人 5 年内未被列入政府、行业黑名单或 1 年内未被列入政府、行业公布的不良信息名录;

(八)评审员承诺备案信息真实,考评活动中严格遵守国家有关法律法规,不弄虚作假、提供虚假证明,一旦违反,自愿退出交通运输企业安全生产标准化建设评价相关活动。

第十四条 评审员按专业类型自愿申请登记在一家评价机构后,方可从事交通运输企业安全生产标准化建设评价工作,登记完成后 12 个月内不可撤回。

第十五条 评审员应按年度开展继续教育学习,自登记备案进入评审员名录后,每 12 个月周期内均应通过管理系统进行继续教育在线测试。通过测试的,可继续从事企业安全生产标准化建设评价工作;未通过测试的,暂停参加评价活动,直至通过继续教育测试。继续教育测试不收取任何费用。

第十六条 部管理维护单位应按年度发布评审员继续教育测试大纲,评审员年度继续教育测试大纲应包含以下内容:

(一)相关专业的安全生产法律、法规、标准规范;

(二)交通运输企业安全生产标准化建设有关新政策;

(三)应更新的安全生产专业知识。

第十七条 评审员个人信息变动应于5个工作日内通过管理系统报备。

第十八条 评审员向受聘的评价机构申请不再从事企业安全生产标准化建设评价工作,或年龄超过70岁的,部管理维护单位应在5个工作日内注销其备案信息。

第三章 评价机构

第十九条 评价机构是指满足评价机构备案条件,完成管理系统登记报备,从事交通运输企业安全生产标准化建设评价的第三方服务机构。

第二十条 评价机构分为一、二、三级。一级评价机构向交通运输部备案,二、三级评价机构向省级主管机关备案。

一级评价机构可承担申请一、二、三级的企业安全生产标准化评价工作,二级评价机构可承担备案地区申请二、三级的企业安全生产标准化评价工作,三级评价机构可承担备案地区申请三级的企业安全生产标准化评价工作。

第二十一条 凡符合以下条件,通过管理系统登记备案,经公示5个工作日,公示结果不影响登记备案的,自动录入评价机构名录。

(一)从事交通运输业务的独立法人单位或社团组织;

(二)具有一定的交通运输企业安全生产标准化建设评价或交通运输安全生产技术服务工作经历;

(三)具有相适应的固定办公场所、设施;

(四)具有一定数量专职管理人员和相应专业类型的自有评审员;

(五)初次申请一级评价机构备案,应已完成本专业类型二级评价机构备案1年以上,并具有相关评价经历;

(六)建立了完善的管理制度体系;

(七)单位或法定代表人3年内未被列入政府、行业黑名单或1年内未被列入政府、行业公布的不良信息名录;

(八)评价机构同一等级登记备案不超过3个专业类型;

(九)评价机构承诺备案信息真实,严格遵守国家有关法律法规,不弄虚作假、提供虚假证明,一旦违反,自愿退出交通运输企业安全生产标准化建设评价相关活动;

(十)满足其他法律法规要求。

以上第一至五款评价机构具体备案条件见附录A。

第二十二条 评价机构进入评价机构名录后,备案信息有效期5年,并向社会公布。备案信息公布内容应包含评价机构的名称、法定代表人、专业类型、等级、地址和印模、备案号和有效期等。

第二十三条 评价机构可在登记备案期届满前1个月通过管理系统进行延期备案,延期备案符合下列条件，经公示5个工作日后，结果不影响延期备案的，自动延长备案期5年。

（一）单位经营资质合法有效；

（二）未被主管机关列入公布的不良信息名录；

（三）满足该等级评价机构登记备案条件。

第二十四条 评价机构名称、地址或法定代表人变更，或从事专职管理和评价工作的人员变动累计超过25%的，应通过管理系统进行信息变更备案。

第二十五条 评价机构应不断完善内部管理制度，严格规范评价过程管理，并对评价和年度核查结论负责。

第二十六条 评价机构应按年度总结评价工作，于次年1月底前通过管理系统报管理维护单位，管理维护单位汇总分析后，形成年度报告报主管机关。

第二十七条 评价机构在妥善处置其负责评价和年度核查相关业务后，可向登记备案的管理维护单位申请注销其评价机构备案信息，管理维护单位核实相关业务处置妥善后应在5个工作日内完成备案注销工作，并通过管理系统向社会公布。评价机构申请注销的，2年内不得重新备案，所聘评审员自动恢复未登记评价机构状态。

第四章 评价与等级证明颁发

第二十八条 评价机构负责交通运输企业安全生产标准化建设评价活动的组织实施和评价等级证明的颁发。

第二十九条 交通运输企业安全生产标准化建设评价包括初次评价、换证评价和年度核查三种形式。

第三十条 交通运输企业安全生产标准化建设等级证明应按照交通运输部规定的统一样式制发，有效期3年。

第三十一条 已经通过低等级交通运输企业安全生产标准化建设评价的企业申请高等级交通运输企业安全生产标准化建设评价的，评价及颁发等级证明应按照初次评价的有关规定执行。

第三十二条 交通运输企业应根据经营范围分别申请相应专业类别建设评价，属同一专业类型不同专业类别的，可合并评价。

第三十三条 交通运输企业申请安全生产标准化建设评价应遵循以下规定：

（一）依照法律法规要求自主申请；

（二）自主选择相应等级的评价机构；

（三）评价过程中，向评价机构和评审员提供所需工作条件，如实提供相关资料，保障有效实施评价；

（四）有权向主管机关、管理维护单位举报、投诉评价机构或评审员的不正当行为。

第三十四条 交通运输企业在取得安全生产标准化等级证明后，应根据评价意见和标准要求不断完善其安全生产标准化管理体系，规范安全生产管理和行为，形成可持续改进的长效机制，并接受主管机关、评价机构的监督。

第一节 初次评价

第三十五条 申请初次评价应具备以下条件：

(一)具有独立法人资格,从事交通运输生产经营建设的企业或独立运营的实体;

(二)具有与其生产经营活动相适应的经营资质、安全生产管理机构和人员,并建立相应的安全生产管理制度;

(三)近1年内没有发生较大以上安全生产责任事故;

(四)已开展企业安全生产标准化建设自评,结论符合申请等级要求。

第三十六条 交通运输企业应通过管理系统向所选择的评价机构提出企业安全生产标准化建设评价申请,申报初次评价应提交以下资料:

(一)标准化建设评价申请表(样式由管理系统提供);

(二)法律法规规定的企业法人营业执照、经营许可证、安全生产许可证等;

(三)企业安全生产标准化建设自评报告。自评报告应包含:企业简介和安全生产组织架构;企业安全生产基本情况(含近3年应急演练、一般以上安全事故和重大安全事故隐患及整改情况);从业人员资格、企业安全生产标准化建设过程;自评综述、自评记录、自评问题清单和整改确认;自评评分表和结论等。

第三十七条 评价机构接到交通运输企业评价申请后,应在5个工作日内完成申请材料完整性和符合性核查。核查不通过的,应及时告知企业,并说明原因。评价机构对申请材料核查后,认为自身能力不足或申请企业存在较大安全生产风险时,可拒绝受理申请,并向其说明,记录在案。

第三十八条 企业申请资料核查通过后,评价机构应成立评价组,任命评价组长,制定评价方案,提前5个工作日告知当地主管机关后,满足下列条件,可启动现场评价。

(一)评价组评审员不少于3人,其中自有评审员不少于1人;

(二)评价组长原则上应为自有评审员,且具有2年和8家以上同等级别企业安全生产标准化建设评价经历,3年内没有不良信用记录,并经评价机构培训,具有较强的现场沟通协调和组织能力;

(三)评价组应熟悉企业评价现场安全应急要求和当地相关法律法规和标准规范要求。

第三十九条 评价机构应在接受企业评价申请后30个工作日内完成对企业的现场评价工作,并提交评价报告。

第四十条 现场评价工作完成后,评价组应向企业反馈发现的安全事故隐患和问题、整改建议及现场评价结论,形成现场评价问题清单,问题清单应经企业和评价组签字确认。现场发现的重大安全事故隐患和问题应向负有直接安全生产监督管理职责的交通运输管理部门和相应的主管机关报告。

第四十一条 企业对评价发现的安全事故隐患和问题,在现场评价结束30日内按要求整改到位的,经申请,由评价机构确认整改合格,所完成的整改内容可视为达到相关要求;对于不影响评价结论的安全事故隐患和问题,企业应按评价机构有关建议积极组织整改,并在年度报告中予以说明。

第四十二条 评价案卷应包含下列内容:

(一)申请资料核查记录及结论;

(二)现场评价通知书(应包含评价时间、评价组成员等);

(三)评价方案;

（四）企业安全生产重大问题整改报告及验证记录；

（五）评价报告，包括现场评价记录、现场收集的证据材料、问题清单及整改建议、评价结论及评价等级意见；

（六）其他必要的评价证据材料。

第四十三条 评价机构应对评价案卷进行审核，评价报告及其他必要的评价资料通过管理系统向管理维护单位报备。评价机构评价结论认为符合颁发评价等级证明的，应报管理维护单位向社会公示5个工作日；公示结果不影响评价结论的，评价机构应向企业颁发交通运输企业安全生产标准化评价等级证明。

第四十四条 企业对评价结论存有异议的，可向评价机构提出复核申请，评价机构应针对复核申请事项组织非原评审员进行逐项复核，复核工作应在接受企业复核申请之日起20个工作日内完成，并反馈复核意见。企业对评价机构复核结论仍存异议的，可选择其他评价机构申请评价。涉及评价机构评价工作不公正和违规行为的，企业可向相应管理维护单位或主管机关投诉、举报。

第四十五条 交通运输企业安全生产标准化建设等级证明格式由交通运输部统一规定（附录B），证明应注明类型、类别、等级、适用范围和有效期等。

第四十六条 管理维护单位应在收到评价机构报备的评价等级证明、评价报告等资料5个工作日内，向社会公布获得交通运输企业安全生产标准化建设等级证明的企业和评价机构有关信息，接受社会监督。

第二节 换证评价

第四十七条 已经取得安全生产标准化评价等级证明的企业在证明有效期满之前可向评价机构申请换证评价，换证完成后，原证明自动失效。

第四十八条 企业申请换证评价时，应提交以下材料：

（一）企业法人营业执照、经营许可证等；

（二）原交通运输企业安全生产标准化建设等级证明；

（三）企业换证自评报告和企业基本情况、安全生产组织架构；

（四）企业安全生产标准化运行情况，以及近3年安全生产事故或险情、重大安全生产风险源及管控、重大安全事故隐患及治理等情况。

第四十九条 申请换证的企业在取得等级证明3年且满足下列条件，在原证明有效期满之日前3个月内可直接向评价机构申请换发同等级企业安全生产标准化建设等级证明：

（一）企业年度核查等级均为优秀（含换证年度）；

（二）企业未发生一般以上等级安全生产责任事故；

（三）企业未发生被主管机关安全生产挂牌督办或约谈；

（四）企业安全生产信用等级评为B级以上；

（五）企业未违反其他安全生产法律法规有关规定；

（六）安全生产标准化建设标准发生变化的，年度核查或有关证据证明其满足相关要求。

第五十条 换证评价及等级证明颁发的流程、范围和方法按照初次评价的有关规定执行。

第三节　年度核查

第五十一条　企业取得安全生产标准化建设等级证明后，有效期内应按年度开展自评，自评时间间隔不超过12个月，自评报告应报颁发等级证明的评价机构核查。

第五十二条　评价机构对企业年度自评报告核查发现以下问题的，可进行现场核查：

（一）自评结论不能满足原有等级要求的；

（二）自评报告内容不全或存在不实，不能真实体现企业安全生产标准化建设实际情况的；

（三）企业生产经营状况发生重大变化的，包括生产经营规模、场所、范围或主要安全管理团队等；

（四）企业未按要求及时向评价机构报告重大安全事故隐患和较大以上安全生产责任事故的；

（五）相关方对企业的安全生产提出举报、投诉；

（六）企业主动申请现场复核。

第五十三条　评价机构应在企业提交年度自评报告15个工作日内完成自评报告年度核查，需进行现场核查的，应在30个工作日内完成。

第五十四条　年度核查结论分为不合格、合格和优秀三个等级评价，并通过管理系统向社会公开。企业安全生产标准化建设运行情况不能持续满足所取得的评价等级要求，或长期存在重大安全事故隐患且未有效整改的评为不合格；基本满足且对不影响评价结论的问题和重大安全事故隐患进行有效整改的评为合格；满足原评价等级所有要求，并建立有效的企业安全生产标准化持续改进工作机制，且运行良好，重大安全事故隐患和问题整改完成的，评为优秀。对于年度核查评为优秀，应由企业在年度自查报告中主动提出申请，经评价机构核查，包括进行现场抽查验证通过后，方可评为优秀。

第五十五条　评价机构对企业的年度核查评价在合格以上的，维持其安全生产标准化建设等级证明有效；年度核查评价不合格或未按要求提交自评报告的，评价机构应通知企业并提出相关整改建议，企业在30日内未经验收完成整改，或仍未提交自评报告，或拒绝评价机构现场复核的，评价机构应撤销并收回企业安全生产标准化建设等级证明，并通过管理系统向社会公告。

第五十六条　已经取得交通运输企业安全生产标准化建设等级证明的企业，在有效期内发现存在重大安全事故隐患或发生较大以上安全生产责任事故的，应在10个工作日内向颁发等级证明的评价机构报送相关信息，评价机构可视情况开展企业安全生产标准化建设核查工作。

第五十七条　评价机构撤销企业安全生产标准化建设等级证明的，应通过管理系统向管理维护单位备案。

第四节　证明补发和变更

第五十八条　企业安全生产标准化建设等级证明遗失的，可向颁发等级证明的评价机构申请补发。

第五十九条　企业法定代表人、名称、经营地址等变更的，应在变更后30日内，向颁发等级证明的评价机构提供有关证据材料,申请对企业安全生产标准化评价等级证明的变更。

第六十条 评价机构发现申请安全生产标准化建设等级证明变更的企业的安全生产条件发生重大变化,超出第四十九条情况的,可进行现场核实,核实结果不影响变更证明的,应予以变更,核实认为企业安全生产条件不满足维持原证明等级要求的,原证明应予以撤销并通过管理系统向社会公示。

第六十一条 评价机构应在接受企业提出的证明变更申请后30日内,完成证明变更。

第五章 监督管理

第六十二条 主管机关应加强对管理维护单位、评价机构和评审员的监督管理,建立健全日常监督、投诉举报处理、评价机构和评审员信用评价、违规处理和公示公告等机制,规范交通运输企业安全生产标准化建设评价工作。省级主管机关对日常监督管理工作中发现的一级评价机构存在的违法违规行为应通过管理系统上报。

第六十三条 主管机关应采取"双随机、一公开"的突击检查方式,组织抽查本管辖范围内从事相关业务的评价机构和评审员相关工作。抽查内容应包含:机构备案条件、管理制度、责任体系、评价活动管理、评审员管理、评价案卷、现场评价以及机构能力保持和建设等。

第六十四条 交通运输管理部门应将企业安全生产标准化建设工作情况纳入日常监督管理,通过政府购买服务委托第三方专业化服务机构,对下级管理部门及辖区企业推进企业安全生产标准化建设工作情况进行抽查,抽查情况应向行业通报。

第六十五条 已经取得交通运输企业安全生产标准化评价等级证明的企业,在有效期内发生重大以上安全生产责任事故,或1年内连续发生2次以上较大安全生产责任事故的,评价机构应对该企业安全生产标准化建设情况进行核查,不满足原等级要求的,应及时撤销其安全生产标准化等级证明。事故等级按照《生产安全事故报告和调查处理条例》(国务院令第493号)和《水上交通事故统计办法》(交通运输部令2014年15号)确定。

第六十六条 负有直接安全生产监督管理职责的交通运输管理部门应对企业安全生产标准化建设评价中发现的重大安全事故隐患及时进行核查,确认后责令企业立即整改,并依法依规追究相应人的责任。

第六十七条 主管机关应建立投诉举报渠道,公布邮箱、电话,接受实名投诉举报。

第六十八条 主管机关接到有关企业安全生产标准化建设评价实名举报或投诉的,经确认举报或投诉事项是属本单位管辖权限,应在60个工作日内完成调查核实处理,并将处理意见向举报人反馈。

第六十九条 投诉举报第一接报主管机关对确认不属本单位管辖权限的,应在5个工作日内告知举报人,并建议其向具有管辖权限的主管机关举报。

第七十条 评审员、评价机构违背承诺,其备案信息经核实存在弄虚作假的,管理维护单位应在3个工作日内将其列入黑名单,并通过管理系统向社会公告。

第七十一条 管理维护单位应对评审员、评价机构发生的违规违纪和违反承诺等失信行为,依据评审员、评价机构信用扣分细则(见附录C)进行记录。

第七十二条 评审员、评价机构信用等级按其扣分情况分为AA、A、B、C、D共5个等级,未扣分的为AA;扣1~2分的为A;扣3~8分的为B;扣分9~14分的为C;扣15~19分的为 D;信用扣分超过 20 分(含 20 分)的列入黑名单。以上信用扣分按近 3 年扣分累计。

第七十三条 部管理维护单位应通过管理系统,按年度向社会公布管辖范围内一级评价机构、评审员 3 年内违规行为和信用等级汇总情况,以及评价机构所颁发等级证明的企业及其近 5 年发生等级以上安全生产事故情况。评审员发生信用扣分的,管理维护单位应告知评审员登记的评价机构。

省级管理维护单位应通过管理系统,按年度向社会公布管辖范围内二、三级评价机构,以及评价机构所颁发等级证明的企业及其近 5 年发生等级以上安全生产事故情况。

第七十四条 交通运输管理部门应将交通运输企业安全生产标准化建设情况和评价结果纳入企业安全生产信用评价范围,鼓励引导交通运输企业积极开展安全生产标准化建设。

第七十五条 交通运输管理部门应加强对企业安全生产标准化评价结果应用,作为实施分级分类、差异化监管的重要依据;对安全生产标准化未达标或被撤销等级证明的企业应加大执法检查力度,予以重点监管。客运、危险货物经营企业安全生产标准化建设评价及年度核查情况应作为企业经营资质年审和运力更新、新增审批、招投标的安全条件重要参考依据。

第七十六条 主管机关和管理维护单位的工作人员发生失职渎职的,应按规定追究相关责任人责任;评价机构的工作人员和评审员发生弄虚作假、违法违纪行为,依法依规追究相关人员法律责任。

……

第八十六条 本办法自发布之日实施,有效期 5 年。《关于印发交通运输企业安全生产标准化考评管理办法和达标考评指标的通知》(交安监发〔2012〕175 号)及《关于印发交通运输企业安全生产标准化相关实施办法的通知》(厅安监字〔2012〕134 号)同时废止。

附录 A:评价机构登记备案条件(略)

附录 B:证明格式及编号说明(略)

附录 C:评审员评价机构信用扣分细则(略)

20.《交通运输部办公厅关于印发交通运输从业人员安全素质提升实施方案的通知》(交办安监〔2016〕184号)(节选)

交通运输部办公厅关于印发交通运输从业人员安全素质提升实施方案的通知

……

为深入贯彻落实《安全生产法》,进一步提升交通运输从业人员安全素质,提高交通运输行业安全水平,根据《交通运输部关于提升交通运输从业人员素质的指导意见》(交人教发〔2015〕180号)和开展"6+1"平安交通专项行动有关要求,制定本方案。

一、总体要求

……

坚持安全为本,牢固树立"发展决不能以牺牲安全为代价"的红线意识,强化"以人民为中心"的安全理念;坚持问题导向,着力解决交通运输从业人员安全意识、知识、技能与交通运输科学发展安全发展不相适应的突出问题;坚持创新服务,依托"互联网"和"移动互联网"技术,积极推进网络安全培训和继续教育;坚持协同推进,健全企业、管理部门、社会协同做好从业人员安全素质提升的工作机制,形成分工明确、统筹推进、协同配合的良好格局。

二、工作目标

到"十三五"期末,交通运输从业人员安全素质提升长效机制基本建立,从业人员安全素质总体水平明显增强。交通运输企业对从业人员安全素质教育培训的主体责任和管理部门的监督管理责任有效落实;从业人员安全素质提升实体培训网络和互联网培训网络充分融合;从业人员安全生产法治意识、基本知识、专业技能明显提升;从业人员管理服务信息平台有序运行。

三、实施步骤

(一)细化方案阶段(2016年12月至2017年3月)。

各部门、各单位结合实际进一步细化实化实施方案,建立工作机制,明确目标措施、进度安排,落实责任部门,提出预期成果,并将实施方案于2017年3月底前报送部安委办。

(二)推进实施阶段(2017年4月至2020年6月)。

2017年4月至2018年12月,推进从业人员安全素质提升相关重点制度、标准、规范制修订工作;深入推进从业人员继续教育、培训、考核评价等。2019年1月至2020年6月,全面推进各项重点任务,完成培训平台和网络培训平台的搭建工作,引导企业利用平台开展相关培训；建立完善从业人员管理服务信息平台，实现从业人员安全素质提升管理服务信息化。

（三）总结评估阶段（2020 年 7 月至 2020 年 10 月）。

各部门、各单位对从业人员安全素质提升工作实施情况进行全面总结，将活动中形成的好经验、好做法，提炼固化为提升从业人员安全素质的政策制度，构建长效机制。

四、主要任务

（一）建立健全从业人员安全素质管理制度体系。

1. 完善管理制度。系统梳理从业人员安全素质相关管理制度，提出相关管理制度立改废清单，加快建立、修订、完善相关制度，形成各领域从业人员安全素质的管理制度体系。制定《〈中华人民共和国船员培训管理规则〉实施办法》和《海船船员船上培训管理办法》，进一步规范船员培训行为，提高船员实际操作能力。

2. 制修订操作规范。系统梳理从业人员安全素质相关规范，提出立改废清单和制修订计划，加快编制、修订、完善相关规范。按照制修订计划，修订完善港口相关安全作业规程，规范港口企业从业人员安全生产作业行为。制修订潜水员、水上救生员安全作业相关规程，规范潜水和水上救生操作。修订《汽车运输危险货物规则》，规范道路危险货物运输从业人员作业行为。更新《危险货物运输救援应急指南》，指导危险货物运输和应急处置人员安全操作和应急处置相关工作。

……

（二）建立健全从业人员安全素质教育培训体系。

……

2. 发展职业教育。将从业人员安全素质提升纳入现代交通运输职业教育人才培养体系，提升人才培养质量。推进从业人员安全素质教育进校园进课堂，开展交通运输安全认知教育。总结大客车驾驶员职业教育试点工作，形成可复制、可推广的经验，制定并落实《关于开展大型客货车辆驾驶员职业教育工作的意见》。

3. 加强继续教育。充分运用移动客户端和网络，对道路运输驾驶员、公路水运工程试验检测专业技术人员等关键岗位从业人员开展安全素质继续教育，强化船员知识更新培训，推动从业人员安全素质教育优质资源网上共享。

4. 强化警示教育。编制“举案说法”案例集读本，从法律视角解读分析重特大事故案例，提出改进安全工作的启示。督促企业开展交通运输事故案例分析，管控排查安全生产风险和隐患。督促企业组织一线从业人员开展上岗、开工前安全警示教育。制作企业交通运输安全警示教育片，强化从业人员岗前培训和警示教育，提升从业人员安全意识和应急能力。

（三）建立健全从业人员安全素质考试考核评价体系。

1. 推进从业人员安全素质考试考核。科学编制交通运输关键岗位从业人员职业资格考试考核和适任考试大纲、教材等，依法严格开展关键岗位职业资格适任考试考核和适任考试。按照《安全生产法》等有关法律法规的要求，制定道路运输、港口危险化学品储存、公路水运工程施工企业负责人、安全管理人员及相关从业人员考核管理制度，编制考核大纲和基础题库，并组织开展考核。落实《危险货物水路运输从业人员考核和从业资格管理规定》，编制相应考核大纲，开展有关考核和职业资格认定工作。

……

3. 开展从业人员安全素质竞赛活动。开展职业技能竞赛活动，促进从业人员提高安全意识，带动从业人员提升安全技能。鼓励交通运输企业开展安全技能、安全诚信集体和个人评比表彰活动，提高从业人员职业荣誉感。

4. 强化安全监督检查与信用管理。将企业落实安全生产培训情况、关键岗位从业人员持证上岗、企业主要负责人和安全生产管理人员参加安全生产知识和管理能力考核纳入安全生产监督检查范围。推进安全生产关键岗位从业人员信用体系建设，开展信用考核，实行守信激励、失信惩戒的制度，加强守信联合激励和失信联合惩戒工作；建立安全生产从业人员信用信息交换共享机制和信用信息公开查询机制，加大信息在“信用交通”网站等新闻媒体的公示力度。修订《道路运输驾驶员诚信考核办法》。

5. 强化安全与培训监管。建立完善道路运输驾驶员、出租汽车驾驶员、公路水运工程监理人员等职业资格注册管理制度，对发生重大及以上责任事故的从业人员实行职业资格退出。向社会开放道路运输驾驶员、出租汽车驾驶员、船员、公路水运工程监理人员等培训机构培训质量信息，完善培训机构社会化监督机制。

（四）建立健全从业人员安全素质支持保障体系。

1. 加强信息化建设。加大从业人员相关信息平台建设应用力度，为提升从业人员安全素质及管理水平提供支持保障。完善道路运输驾驶员计算机考试系统和应用能力虚拟场景考试系统，强化从业人员危险源辨识、应急处置能力考核。充分利用移动互联网技术，建立危险货物储运和应急操作查询平台。建设危险货物水路运输从业人员管理平台，强化危险货物水路运输从业人员管理。推进道路运政管理信息系统互联互通。建设船员自助服务平台、移动服务平台、远程培训平台和远程考试平台，充分利用“互联网 +”服务船员。

2. 加强职业健康保障。落实《“健康中国 2030”规划纲要》，普及安全健康卫生知识，增强从业人员劳动保护、安全卫生和身心健康意识，督促交通运输企业依法落实从业人员强制休息、健康体检、保险等制度，提高交通运输从业人员职业病防治能力。加强对城市公交驾驶员、重点营运车辆（包括旅游客车、包车客车、三类以上班线客车和危险货物运输车辆）驾驶员、城市轨道交通从业人员的劳动保护，制定出台定期体检等政策。履行《2016 年海事劳工公约》，落实《海事劳工条件检查办法》，促进船员职业健康，保障船员合法权益。

3. 加强安全文化建设。引导交通运输企业建立安全例会、安全风险告知等制度，设立事故警示日、警示教育活动周。引导企业在主要生产施工作业现场、运输场站码头，设立安全文化窗口或安全风险告知牌等。引导企业建立安全生产管理台账和从业人员安全素质提升台账，编写《员工安全行为规范》，制作安全操作动漫画册、挂图、视频等。引导企业加强安全法治教育，营造有利于交通运输安全生产的文化氛围。

五、保障措施

（一）筑牢责任体系。部安委办统筹协调从业人员安全素质提升工作，检查省级交通运输主管部门开展素质提升相关工作。部内相关司局在职责范围内开展从业人员安全素质提升各项工作。省级交通运输主管部门要制定监督检查计划，督促企业开展从业人员安全素质提升相关培训,抓好工作落实。

(二)确保经费投入。认真落实《财政部安全监管总局关于印发〈企业安全生产费用提取和使用管理办法〉的通知》(财企〔2012〕16 号),监督企业严格按照规定的标准提取、使用安全经费,确保安全生产宣传、培训、教育支出。

(三)加大宣传力度。充分运用各类媒体及平台,广泛宣传交通运输从业人员安全素质提升工作开展情况,总结推广各级交通运输主管部门实施从业人员安全素质提升、企业落实从业人员安全素质培训主体责任的典型经验,努力形成全行业更加支持从业人员安全素质提升、全社会更加关注交通运输安全发展的良好氛围。

21.《交通运输部关于改革出租汽车驾驶员从业资格考试有关工作的通知》(交运发〔2017〕134 号)

交通运输部关于改革出租汽车驾驶员从业资格考试有关工作的通知

各省、自治区、直辖市、新疆生产建设兵团交通运输厅(局、委):

为深入贯彻落实国务院"放管服"改革工作部署,积极推进深化出租汽车行业改革政策落地实施,促进解决当前出租汽车驾驶员从业资格考试工作中存在的突出问题,增强考试针对性、实用性,同时符合驾驶员从业基本要求,确保行业服务水平,根据《交通运输部关于修改〈出租汽车驾驶员从业资格管理规定〉的决定》(交通运输部令 2016 年第 63 号)有关规定,现就改革出租汽车驾驶员从业资格考试工作有关事项通知如下。

一、改革考试模式

(一)实行"两考合一"。出租汽车驾驶员从业资格全国公共科目考试与区域科目(包括巡游出租汽车驾驶员和网络预约出租汽车驾驶员)考试实行"两考合一",即将两个考试科目在一次考试中完成。从业资格考试试题满分为 100 分,全国公共科目考试试题和区域科目考试试题各占 50 分,两个科目均得分 40 分及以上为合格。

(二)调整试题数量和形式。全国公共科目试题数量由 85 道调整为 50 道,考试题型由三类调整为两类,修订后的《出租汽车驾驶员从业资格全国公共科目考试大纲》见附件 1。区域科目考试试题数量与分值由各地出租汽车行政主管部门根据实际情况确定;区域科目考试确需设置实际操作项目的,其分数占区域科目考试总分的比例不得高于 50%。

(三)做好工作衔接。全国公共科目考试为 40 分及以上的从业人员异地就业时,免考全国公共科目,只参加当地区域科目考试,得分 40 分及以上为合格。在本通知执行之日前,按照满分百分制组织全国公共科目考试的考试成绩仍然有效,按 50% 折算分数。

二、优化题库试题

(四)精简试题数量。调整公共科目考试题库试题数量,题库试题数量与试卷试题数量比例不超过 10 : 1,由 1200 道调整为 500 道。区域科目考试题库由各地依据实际情况进行优化完善。

(五)优化试题内容。从业资格考试内容应立足于出租汽车驾驶员的基本要求和职业特点,突出安全和服务方面的应知应会知识,避免出现与出租汽车运营服务基本要求不密切或者难度过大的内容,试题应当简洁明了、通俗易懂,并定期更新题库。

修订后的《出租汽车驾驶员从业资格全国公共科目考试题库》见附件2。

三、公开考试题库

（六）多渠道公开考试题库。全国公共科目考试题库和区域科目考试题库均向社会公开。全国公共科目考试题库（含试题答案）由交通运输部在交通运输部官方网站公开，同步在交通职业资格网（www. jtzyzg. org. cn）启用全国公共科目在线测试平台，考生可登录平台查看试题、组卷自测。区域科目考试题库（含试题答案）由各城市出租汽车行政主管部门在部门政务网站或从业资格考试报名网站公开，并设置全国公共科目在线测试平台的链接。鼓励具备条件的地区启用本地区域科目在线测试平台，为考生创造良好备考条件。

四、强化便民利民服务

（七）减轻考生负担。各地出租汽车行政主管部门要严格落实考培分离、考生自愿参培要求，禁止强制考生参加考前培训，不得组织或参与组织任何与考试有关的培训，不得以培训费、报名费、资料费等名义变相收取考试费。

（八）创新服务方式。要加强出租汽车驾驶员从业资格考点建设和信息化系统建设，鼓励实行从业资格考试网上报名、与公安等部门联网审验、网上约考、网上查看进度，“让考生少跑腿、让数据多跑路”，降低考生时间成本和经济成本。

五、工作要求

（九）加强组织领导。各地出租汽车行政主管部门要充分认识改革出租汽车驾驶员从业资格考试工作的重要性、紧迫性，加强组织领导，明确责任分工，精心部署实施。要密切跟踪改革进展，加强实施效果评估，不断总结积累经验，及时完善政策措施，确保改革取得实效。

（十）提升监管能力。要加快转变政府职能，在推进出租汽车驾驶员从业资格考试改革的同时，加强事中事后监管，提升从业人员队伍素质，提高服务质量和水平，保障乘客出行安全和合法权益。

（十一）强化宣传引导。要积极利用网络、广播、电视、报纸、新媒体、从业资格考试报名点公示等多种渠道，加大改革宣传力度，及时发布考试题库和在线测试平台有关信息，回应社会关切，营造良好氛围。

（十二）及时实施到位。各城市应于2017年11月底前对出租汽车驾驶员从业资格区域科目（包括巡游出租汽车驾驶员和网络预约出租汽车驾驶员）考试内容进行优化、调整，并公开题库。尚未开展网络预约出租汽车驾驶员从业资格考试的城市，应在网络预约出租汽车驾驶员从业资格区域科目考试开考1个月前完成网络预约出租汽车驾驶员从业资格区域科目考试内容的优化、调整，并公开题库。

本通知自2017年12月1日起执行。2016年发布的《交通运输部办公厅关于印发出租汽车驾驶员从业资格全国公共科目考试大纲的通知》（交办运〔2016〕135号）和《交通运输部办公厅关于启用出租汽车驾驶员从业资格全国公共科目考试新题库的通知》（交办运函

〔2016〕1228 号)同时废止。

附件 1:出租汽车从业资格全国公共科目考试大纲(略)

附件 2:出租汽车从业资格全国公共科目考试题库(略)

交通运输部

2017 年 9 月 4 日

22.《财政部 交通运输部 农业部 国家林业局关于调整农村客运、出租车、远洋渔业、林业等行业油价补贴政策的通知》(财建〔2016〕133 号)(节选)

财政部 交通运输部 农业部 国家林业局关于调整农村客运、出租车、远洋渔业、林业等行业油价补贴政策的通知

各省、自治区、直辖市、计划单列市财政厅(局)、交通运输厅(局)、农业厅(局)、林业厅(局),新疆生产建设兵团财务局、交通局、农业局、林业局:

作为成品油价格形成机制改革的重要配套政策和保障措施,农村客运和出租车、远洋渔业、林业等行业油价补贴资金对促进相关行业发展、增加从业者收入、维护社会稳定发挥了重要作用,但也存在一些矛盾和问题。为更好地发挥价格机制作用,促进相关行业健康稳定发展,经国务院同意,从 2015 年起,对农村客运(包括农村道路客运、岛际和农村水路客运,下同)、出租车、远洋渔业、林业等行业油价补贴政策作出调整。现将有关事项通知如下:

一、总体要求

按照党的十八大和十八届三中全会要求,以调整资金使用方式为手段,以保民生、保稳定为目标,按照区别对待、分类实施,盘活存量、健全机制,明确责任、平稳推进的原则,健全支撑保障和激励约束机制,充分发挥市场在资源配置中的决定性作用,促进农村客运、出租车、远洋渔业、林业等行业健康稳定发展。

二、主要内容

(一)以 2014 年农村客运、出租车、远洋渔业、林业等行业油价补贴资金为基数,通过盘活资金存量、转变支持方式、保障支持重点,实现相关支出与用油量及油价脱钩。

(二)分类确定财政支持方式。

1. 将农村客运、出租车行业油价补贴转为一般性转移支付。在总量不减的前提下,对补贴结构作优化。

一是现行农村客运、出租车油价补贴中的费改税补助作为基数保留。2015—2019 年,费改税补助数额以 2014 年实际执行数作为基数,可不作调整。

二是现行农村客运、出租车油价补贴中的涨价补助,以 2014 年为基数,逐年调整。2015—2019 年,现行农村客运、出租车油价补贴中的涨价补助由各省(区、市,以下统称省)以 2014 年实际执行数为基数逐步递减,其中 2015 年减少 15%、2016 年减少 30%、2017 年减

少40%、2018年减少50%、2019年减少60%，2020年以后另行确定，相关支出不再与用油量及油价挂钩。

三是调整后的农村客运、出租车油价补助资金继续拨付地方，由地方统筹用于支持公共交通发展，新能源出租车、农村客运补助，水路客运行业结构调整等。各省财政、交通运输等部门根据本地实际制定具体管理办法。

……

三、保障措施

（一）实行省长负责制，健全工作机制。各省要提高对油价补贴政策调整的认识，加强组织领导，继续实行油价补贴政策落实工作“省长负责制”，落实地方政府农村客运和出租车行业稳定与健康持续发展的主体责任，健全完善政府统一领导，相关部门各司其职、协同配合的工作机制。

（二）明确职责分工，细化实施方案。财政部会同相关部门建立健全相关专项转移支付资金管理办法，省级财政部门会同相关部门加强和规范资金管理。相关部门制定具体实施意见和考核办法，交通运输部负责对农村客运和出租车油价补贴政策调整及行业发展进行考核，具体考核办法由交通运输部商相关部门另行制定。对未按时完成退坡目标，或出现不稳定因素的地区，将报请国务院进行通报，中央财政将根据考核结果扣减对该省的一般性转移支付资金。各省制定本地区农村客运和出租车油价补贴政策调整实施方案，明确政策调整的总体考虑、退坡安排、实施计划以及财政资金使用重点和具体安排等，作为监督检查和绩效考评的依据。

（三）加强宣传引导，营造良好环境。中央和地方有关部门要加强对油价补贴政策调整工作的分类指导和监督检查，及时发现问题，完善政策。各地要有针对性地开展宣传引导工作，突出政策导向，营造良好的舆论环境。

按本通知要求对相关行业油价补贴政策进行调整后，2009年财政部、国家林业局联合发布的《林业成品油价格补助专项资金管理暂行办法》（财建设〔2009〕1007号）以及财政部、交通运输部联合发布的《城乡道路客运成品油价格补助专项资金管理暂行办法》和《岛际和农村水路客运成品油价格补助专项资金管理暂行办法》（财建〔2009〕1008号）同时废止。

23.《交通运输部办公厅关于做好农村客运和出租车油价补助政策调整成效考核有关事项的通知》(交办财审〔2017〕97 号)(节选)

交通运输部办公厅关于做好农村客运和出租车油价补助政策调整成效考核有关事项的通知

各省、自治区、直辖市、计划单列市、新疆生产建设兵团交通运输厅(局、委):

为贯彻落实《财政部交通运输部农业部国家林业局关于调整农村客运出租车远洋渔业林业等行业油价补助政策的通知》(财建〔2016〕133 号)要求,加强对农村客运和出租车油价补助政策调整和行业发展的考核,经交通运输部同意,现就做好农村客运和出租车油价补助政策调整成效考核有关事项通知如下:

一、总体要求

各级交通运输主管部门要充分认识农村客运和出租车油价补助政策调整的重大意义,以此次油价补助政策调整和成效考核为契机,会同财政等部门全面落实好财建〔2016〕133 号文件的相关要求。要坚持"总量不减、结构优化"的原则,实现补助数额逐年退坡,同时积极协调财政部门支持,将调整后的农村客运、出租车油价补助资金统筹用于支持公共交通发展,新能源出租车、农村客运补助,水路客运行业结构调整等,加快推动交通运输行业转型升级和可持续发展,为人民群众提供更好的交通运输服务。

二、考核内容(附考核细则)

(一)农村客运(包括农村道路客运、岛际和农村水路客运,下同)、出租车油价补助政策调整实施方案制定情况。

(二)调整后的农村客运和出租车油价补助资金支持公共交通发展、新能源汽车推广应用及补助、农村客运发展和水路客运行业结构调整等情况。

三、实施措施

考核工作每年开展一次,省级交通运输主管部门负责对照附件 1 和附件 2 中的考核细则,对本省上一年度农村道路客运和出租车、岛际和农村水路客运等油价补助政策调整实施成效开展自评,并于每年 4 月 1 日前将自评情况及相关材料上报至交通运输部。交通运输部将委托第三方机构对各省(区、市)自评情况进行评估,分行业对各地考核情况进行排序,并将考核结果抄告财政部办公厅和各省级人民政府办公厅。

交通运输部将根据各地考核情况,适时调整完善考核细则内容,使考核结果更加科学、公正、合理。

附件1:农村道路客运和出租车油价补助政策调整成效考核细则(略)

附件2:岛际和农村水路客运油价补贴政策调整成效考核细则(略)

交通运输部办公厅

2017年7月4日

24. 交通运输部办公厅关于印发《网络预约出租汽车监管信息交互平台运行管理办法》的通知

各省、自治区、直辖市、新疆生产建设兵团交通运输厅(局、委):

经交通运输部同意,现将《网络预约出租汽车监管信息交互平台运行管理办法》印发给你们。请结合各地实际,认真贯彻执行。

附件:网络预约出租汽车监管信息交互平台数据传输质量测评指标及计算方式

交通运输部办公厅

2018年2月13日

网络预约出租汽车监管信息交互平台运行管理办法

第一章 总 则

第一条 为加强网络预约出租汽车监管信息交互平台(简称网约车监管信息交互平台)的运行管理工作,规范数据传输,提高网约车行业监管效能,营造良好的营商环境,根据《网络预约出租汽车经营服务管理暂行办法》(交通运输部 工业和信息化部 公安部 商务部 工商总局 质检总局 国家网信办令2016年第60号)等相关规定,制定本办法。

第二条 本办法所称网约车监管信息交互平台,包括交通运输部网约车监管信息交互平台(简称部级平台),省、自治区交通运输主管部门网约车监管信息交互平台(简称省级平台),直辖市、设区的市级交通运输主管部门网约车监管平台(简称城市监管平台)。

第三条 网约车监管信息交互平台数据传输、运行维护、数据质量测评等工作,适用本办法。

第四条 交通运输部指导各级网约车监管信息交互平台的运行管理等工作。

各省、自治区交通运输主管部门负责省级平台运行管理,并指导和监督本行政区域内的网约车监管信息交互平台运行管理工作。

直辖市、设区的市级交通运输主管部门(简称城市交通运输主管部门)负责本城市的网约车监管信息交互平台使用、运行和维护管理工作。

各网约车平台公司按照相关规定,负责规范本企业网约车平台的运行管理和数据传输工作。

第二章 数据传输

第五条 各城市交通运输主管部门应当通过网约车监管信息交互平台及时录入网约车

平台公司、车辆、驾驶员相关许可信息;将运政信息系统与网约车监管信息交互平台对接,实时传输更新相关许可信息。

第六条 网约车平台公司在取得相应《网络预约出租汽车经营许可证》后,应自次日零时起向部级平台传输相关基础静态信息以及订单信息、经营信息、定位信息、服务质量信息等运营数据。

第七条 网约车平台公司应加强对数据信息的规范化管理,所传输的网约车运营服务相关数据,应直接接入网约车监管信息交互平台,不得通过第三方平台或系统直接传输。

第八条 网约车平台公司数据传输至部级平台后,由部级平台将数据实时转发至相关省级平台及城市监管平台,各地交通运输主管部门不得要求网约车平台公司向省级平台或城市监管平台重复传输。

第九条 网约车监管信息交互平台所接收的运营信息数据,在线保存期限不少于6个月。

第十条 网约车平台公司应建立健全数据传输工作机制,指定专人负责数据传输工作,明确与网约车监管信息交互平台对接工作的责任人、业务人员与系统技术人员,并告知相关网约车监管信息交互平台运行维护单位。上述人员信息发生变动的,应及时告知。

第十一条 网约车平台公司因系统改造、服务器迁移等可预见原因,需要暂停网约车平台运行的,应提前72小时告知相关网约车监管信息交互平台运行维护单位。

第十二条 因自然灾害、安全生产事故等不可预见的突发事件造成系统故障,无法正常传输数据的,网约车平台公司应及时告知相关网约车监管信息交互平台运行维护单位,并采取有效处置措施,尽快恢复系统正常运行。系统故障排除后,网约车平台公司应当及时将漏传数据补传,并提交处理情况书面报告。

第十三条 网约车平台公司在技术接入和数据传输过程中,存在可能危害部级平台系统安全的,部级平台运行维护单位有权暂停技术接入和数据传输;造成损失的,依法追究相关责任。

第三章 传输质量要求

第十四条 网约车平台公司应保证传输数据的完整性、规范性、及时性、真实性等,确保数据传输质量。

第十五条 传输数据质量满足以下方面要求:

(一)数据完整性:网约车平台公司传输的数据应符合《网络预约出租汽车监管信息交互平台总体技术要求(暂行)》相关要求,确保其基础静态信息、订单信息、经营信息、定位信息、服务质量信息等相关数据字段内容齐全完整,不遗漏信息及字段。

(二)数据规范性:网约车平台公司传输的数据字段内容在元素名称、字段名称、数据类型、字段长度、取值范围、数据精度、编码规则等应符合《网络预约出租汽车监管信息交互平台总体技术要求(暂行)》相关要求。

(三)数据及时性:网约车平台公司基础静态信息变更的,应于变更后24小时内将信息传输至部级平台;订单信息、经营信息、服务质量信息等应实时传输,延迟不得超过300秒;定位信息实时传输延迟不得超过60秒。

（四）数据真实性：网约车平台公司传输的数据内容应真实有效，基础静态信息、订单信息、经营信息、定位信息、服务质量信息间应当相互关联，相互关联数据之间的逻辑关系应正确、真实和完整。

第四章　传输质量测评

第十六条　部级平台对网约车平台公司数据传输质量情况定期开展测评，测评内容包括但不限于数据完整性、规范性、及时性、真实性等方面。网络预约出租汽车监管信息交互平台数据传输质量测评指标及计算方式见附件，具体测评指标和计算方法将根据行业发展情况予以更新。

第十七条　数据传输质量测评工作分为月度、年度测评，月度、年度测评周期为每自然月、自然年。

第十八条　网约车平台公司数据传输质量测评结果由部级平台定期向社会进行公布，年度测评结果纳入出租汽车企业服务质量信誉考核内容。

第五章　运 行 维 护

第十九条　各地交通运输主管部门应明确网约车监管信息交互平台使用的责任人及联系人，并告知部级平台运行维护单位，要加强网约车监管信息交互平台登录账号的申请开通管理，并督促使用人员妥善保管账号信息，定期更换密码。

第二十条　各地交通运输主管部门应当加强系统网络安全管理，根据有关法律法规及标准实施网络安全等级保护，定期开展安全排查，对于发现的安全风险和漏洞，要及时整改，防止信息数据发生泄漏、毁损或者丢失。

第二十一条　部级、省级、城市等各级平台应当建立平台系统运行管理和故障应急处理机制，对本系统的运行情况进行 7×24 小时实时监测，发现系统故障及时处理。

第二十二条　各地交通运输主管部门可根据网约车行业联合监管的需要，与其他管理部门相关信息系统进行技术对接，实现信息共享。

第二十三条　网络链路维护按照分级管理的原则，由部级、省级、城市等各级平台共同开展。部、省（区）间的网络链路由部级、省级平台共同维护；省（区）内网络链路由省级平台、城市监管平台负责维护。

第六章　附　　则

第二十四条　开展私人小客车合乘业务的，按照各地有关规定传输数据信息。

第二十五条　中国交通通信信息中心作为部级平台的运行维护单位，负责实施部级平台的运行维护及数据传输管理等工作，确保部级平台系统安全稳定运行。

第二十六条　本办法由交通运输部运输服务司负责解释。

第二十七条　本办法自 2018 年 3 月 1 日起施行，有效期 3 年。

附件：网络预约出租汽车监管信息交互平台数据传输质量测评指标及计算方式（略）

第二部分

法律法规

1.《中华人民共和国安全生产法》（中华人民共和国主席令第13号，自2014年12月1日起施行；依据2009年8月27日中华人民共和国主席令第18号第一次修正；依据2014年8月31日中华人民共和国主席令第13号第二次修正）（节选）

中华人民共和国安全生产法

第一章　总　　则

第一条　为了加强安全生产工作，防止和减少生产安全事故，保障人民群众生命和财产安全，促进经济社会持续健康发展，制定本法。

第二条　在中华人民共和国领域内从事生产经营活动的单位（以下统称生产经营单位）的安全生产，适用本法；有关法律、行政法规对消防安全和道路交通安全、铁路交通安全、水上交通安全、民用航空安全以及核与辐射安全、特种设备安全另有规定的，适用其规定。

第三条　安全生产工作应当以人为本，坚持安全发展，坚持安全第一、预防为主、综合治理的方针，强化和落实生产经营单位的主体责任，建立生产经营单位负责、职工参与、政府监管、行业自律和社会监督的机制。

第四条　生产经营单位必须遵守本法和其他有关安全生产的法律、法规，加强安全生产管理，建立、健全安全生产责任制和安全生产规章制度，改善安全生产条件，推进安全生产标准化建设，提高安全生产水平，确保安全生产。

第五条　生产经营单位的主要负责人对本单位的安全生产工作全面负责。

第六条　生产经营单位的从业人员有依法获得安全生产保障的权利，并应当依法履行安全生产方面的义务。

第七条　工会依法对安全生产工作进行监督。

生产经营单位的工会依法组织职工参加本单位安全生产工作的民主管理和民主监督，维护职工在安全生产方面的合法权益。生产经营单位制定或者修改有关安全生产的规章制度，应当听取工会的意见。

……

第十条　国务院有关部门应当按照保障安全生产的要求，依法及时制定有关的国家标准或者行业标准，并根据科技进步和经济发展适时修订。

生产经营单位必须执行依法制定的保障安全生产的国家标准或者行业标准。

……

第十三条　依法设立的为安全生产提供技术、管理服务的机构，依照法律、行政法规和执业准则，接受生产经营单位的委托为其安全生产工作提供技术、管理服务。

生产经营单位委托前款规定的机构提供安全生产技术、管理服务的，保证安全生产的责任仍由本单位负责。

第十四条 国家实行生产安全事故责任追究制度，依照本法和有关法律、法规的规定，追究生产安全事故责任人员的法律责任。

第十五条 国家鼓励和支持安全生产科学技术研究和安全生产先进技术的推广应用，提高安全生产水平。

第十六条 国家对在改善安全生产条件、防止生产安全事故、参加抢险救护等方面取得显著成绩的单位和个人，给予奖励。

第二章 生产经营单位的安全生产保障

第十七条 生产经营单位应当具备本法和有关法律、行政法规和国家标准或者行业标准规定的安全生产条件；不具备安全生产条件的，不得从事生产经营活动。

第十八条 生产经营单位的主要负责人对本单位安全生产工作负有下列职责：

（一）建立、健全本单位安全生产责任制；

（二）组织制定本单位安全生产规章制度和操作规程；

（三）组织制定并实施本单位安全生产教育和培训计划；

（四）保证本单位安全生产投入的有效实施；

（五）督促、检查本单位的安全生产工作，及时消除生产安全事故隐患；

（六）组织制定并实施本单位的生产安全事故应急救援预案；

（七）及时、如实报告生产安全事故。

第十九条 生产经营单位的安全生产责任制应当明确各岗位的责任人员、责任范围和考核标准等内容。

生产经营单位应当建立相应的机制，加强对安全生产责任制落实情况的监督考核，保证安全生产责任制的落实。

第二十条 生产经营单位应当具备的安全生产条件所必需的资金投入，由生产经营单位的决策机构、主要负责人或者个人经营的投资人予以保证，并对由于安全生产所必需的资金投入不足导致的后果承担责任。

有关生产经营单位应当按照规定提取和使用安全生产费用，专门用于改善安全生产条件。安全生产费用在成本中据实列支。安全生产费用提取、使用和监督管理的具体办法由国务院财政部门会同国务院安全生产监督管理部门征求国务院有关部门意见后制定。

第二十一条 矿山、金属冶炼、建筑施工、道路运输单位和危险物品的生产、经营、储存单位，应当设置安全生产管理机构或者配备专职安全生产管理人员。

前款规定以外的其他生产经营单位，从业人员超过一百人的，应当设置安全生产管理机构或者配备专职安全生产管理人员；从业人员在一百人以下的，应当配备专职或者兼职的安全生产管理人员。

第二十二条 生产经营单位的安全生产管理机构以及安全生产管理人员履行下列职责：

（一）组织或者参与拟订本单位安全生产规章制度、操作规程和生产安全事故应急救援预案；

（二）组织或者参与本单位安全生产教育和培训，如实记录安全生产教育和培训情况；

（三）督促落实本单位重大危险源的安全管理措施；

（四）组织或者参与本单位应急救援演练；

（五）检查本单位的安全生产状况，及时排查生产安全事故隐患，提出改进安全生产管理的建议；

（六）制止和纠正违章指挥、强令冒险作业、违反操作规程的行为；

（七）督促落实本单位安全生产整改措施。

第二十三条　生产经营单位的安全生产管理机构以及安全生产管理人员应当恪尽职守，依法履行职责。

生产经营单位作出涉及安全生产的经营决策，应当听取安全生产管理机构以及安全生产管理人员的意见。

生产经营单位不得因安全生产管理人员依法履行职责而降低其工资、福利等待遇或者解除与其订立的劳动合同。

……

第二十四条　生产经营单位的主要负责人和安全生产管理人员必须具备与本单位所从事的生产经营活动相应的安全生产知识和管理能力。

危险物品的生产、经营、储存单位以及矿山、金属冶炼、建筑施工、道路运输单位的主要负责人和安全生产管理人员，应当由主管的负有安全生产监督管理职责的部门对其安全生产知识和管理能力考核合格。考核不得收费。

……

第二十五条　生产经营单位应当对从业人员进行安全生产教育和培训，保证从业人员具备必要的安全生产知识，熟悉有关的安全生产规章制度和安全操作规程，掌握本岗位的安全操作技能，了解事故应急处理措施，知悉自身在安全生产方面的权利和义务。未经安全生产教育和培训合格的从业人员，不得上岗作业。

生产经营单位使用被派遣劳动者的，应当将被派遣劳动者纳入本单位从业人员统一管理，对被派遣劳动者进行岗位安全操作规程和安全操作技能的教育和培训。劳务派遣单位应当对被派遣劳动者进行必要的安全生产教育和培训。

生产经营单位接收中等职业学校、高等学校学生实习的，应当对实习学生进行相应的安全生产教育和培训，提供必要的劳动防护用品。学校应当协助生产经营单位对实习学生进行安全生产教育和培训。

生产经营单位应当建立安全生产教育和培训档案，如实记录安全生产教育和培训的时间、内容、参加人员以及考核结果等情况。

第二十六条　生产经营单位采用新工艺、新技术、新材料或者使用新设备，必须了解、掌握其安全技术特性，采取有效的安全防护措施，并对从业人员进行专门的安全生产教育和培训。

……

第三十三条 安全设备的设计、制造、安装、使用、检测、维修、改造和报废,应当符合国家标准或者行业标准。

生产经营单位必须对安全设备进行经常性维护、保养,并定期检测,保证正常运转。维护、保养、检测应当作好记录,并由有关人员签字。

……

第三十七条 生产经营单位对重大危险源应当登记建档,进行定期检测、评估、监控,并制定应急预案,告知从业人员和相关人员在紧急情况下应当采取的应急措施。

生产经营单位应当按照国家有关规定将本单位重大危险源及有关安全措施、应急措施报有关地方人民政府安全生产监督管理部门和有关部门备案。

第三十八条 生产经营单位应当建立健全生产安全事故隐患排查治理制度,采取技术、管理措施,及时发现并消除事故隐患。事故隐患排查治理情况应当如实记录,并向从业人员通报。

县级以上地方各级人民政府负有安全生产监督管理职责的部门应当建立健全重大事故隐患治理督办制度,督促生产经营单位消除重大事故隐患。

……

第四十一条 生产经营单位应当教育和督促从业人员严格执行本单位的安全生产规章制度和安全操作规程;并向从业人员如实告知作业场所和工作岗位存在的危险因素、防范措施以及事故应急措施。

第四十二条 生产经营单位必须为从业人员提供符合国家标准或者行业标准的劳动防护用品,并监督、教育从业人员按照使用规则佩戴、使用。

第四十三条 生产经营单位的安全生产管理人员应当根据本单位的生产经营特点,对安全生产状况进行经常性检查;对检查中发现的安全问题,应当立即处理;不能处理的,应当及时报告本单位有关负责人,有关负责人应当及时处理。检查及处理情况应当如实记录在案。

生产经营单位的安全生产管理人员在检查中发现重大事故隐患,依照前款规定向本单位有关负责人报告,有关负责人不及时处理的,安全生产管理人员可以向主管的负有安全生产监督管理职责的部门报告,接到报告的部门应当依法及时处理。

第四十四条 生产经营单位应当安排用于配备劳动防护用品、进行安全生产培训的经费。

……

第四十六条 生产经营单位不得将生产经营项目、场所、设备发包或者出租给不具备安全生产条件或者相应资质的单位或者个人。

生产经营项目、场所发包或者出租给其他单位的,生产经营单位应当与承包单位、承租单位签订专门的安全生产管理协议,或者在承包合同、租赁合同中约定各自的安全生产管理职责;生产经营单位对承包单位、承租单位的安全生产工作统一协调、管理,定期进行安全检查,发现安全问题的,应当及时督促整改。

第四十七条 生产经营单位发生生产安全事故时,单位的主要负责人应当立即组织抢救,并不得在事故调查处理期间擅离职守。

第四十八条 生产经营单位必须依法参加工伤保险,为从业人员缴纳保险费。

国家鼓励生产经营单位投保安全生产责任保险。

第三章 从业人员的安全生产权利义务

第四十九条 生产经营单位与从业人员订立的劳动合同,应当载明有关保障从业人员劳动安全、防止职业危害的事项,以及依法为从业人员办理工伤保险的事项。

生产经营单位不得以任何形式与从业人员订立协议,免除或者减轻其对从业人员因生产安全事故伤亡依法应承担的责任。

第五十条 生产经营单位的从业人员有权了解其作业场所和工作岗位存在的危险因素、防范措施及事故应急措施,有权对本单位的安全生产工作提出建议。

第五十一条 从业人员有权对本单位安全生产工作中存在的问题提出批评、检举、控告;有权拒绝违章指挥和强令冒险作业。

生产经营单位不得因从业人员对本单位安全生产工作提出批评、检举、控告或者拒绝违章指挥、强令冒险作业而降低其工资、福利等待遇或者解除与其订立的劳动合同。

第五十二条 从业人员发现直接危及人身安全的紧急情况时,有权停止作业或者在采取可能的应急措施后撤离作业场所。

生产经营单位不得因从业人员在前款紧急情况下停止作业或者采取紧急撤离措施而降低其工资、福利等待遇或者解除与其订立的劳动合同。

第五十三条 因生产安全事故受到损害的从业人员,除依法享有工伤保险外,依照有关民事法律尚有获得赔偿的权利的,有权向本单位提出赔偿要求。

第五十四条 从业人员在作业过程中,应当严格遵守本单位的安全生产规章制度和操作规程,服从管理,正确佩戴和使用劳动防护用品。

第五十五条 从业人员应当接受安全生产教育和培训,掌握本职工作所需的安全生产知识,提高安全生产技能,增强事故预防和应急处理能力。

第五十六条 从业人员发现事故隐患或者其他不安全因素,应当立即向现场安全生产管理人员或者本单位负责人报告;接到报告的人员应当及时予以处理。

……

工会对生产经营单位违反安全生产法律、法规,侵犯从业人员合法权益的行为,有权要求纠正;发现生产经营单位违章指挥、强令冒险作业或者发现事故隐患时,有权提出解决的建议,生产经营单位应当及时研究答复;发现危及从业人员生命安全的情况时,有权向生产经营单位建议组织从业人员撤离危险场所,生产经营单位必须立即作出处理。

工会有权依法参加事故调查,向有关部门提出处理意见,并要求追究有关人员的责任。

第五十八条 生产经营单位使用被派遣劳动者的,被派遣劳动者享有本法规定的从业人员的权利,并应当履行本法规定的从业人员的义务。

第四章 安全生产的监督管理

第五十九条 县级以上地方各级人民政府应当根据本行政区域内的安全生产状况,组织有关部门按照职责分工,对本行政区域内容易发生重大生产安全事故的生产经营单位进行严格检查。

安全生产监督管理部门应当按照分类分级监督管理的要求，制定安全生产年度监督检查计划，并按照年度监督检查计划进行监督检查，发现事故隐患，应当及时处理。

第六十条 负有安全生产监督管理职责的部门依照有关法律、法规的规定，对涉及安全生产的事项需要审查批准（包括批准、核准、许可、注册、认证、颁发证照等，下同）或者验收的，必须严格依照有关法律、法规和国家标准或者行业标准规定的安全生产条件和程序进行审查；不符合有关法律、法规和国家标准或者行业标准规定的安全生产条件的，不得批准或者验收通过。对未依法取得批准或者验收合格的单位擅自从事有关活动的，负责行政审批的部门发现或者接到举报后应当立即予以取缔，并依法予以处理。对已经依法取得批准的单位，负责行政审批的部门发现其不再具备安全生产条件的，应当撤销原批准。

第六十一条 负有安全生产监督管理职责的部门对涉及安全生产的事项进行审查、验收，不得收取费用；不得要求接受审查、验收的单位购买其指定品牌或者指定生产、销售单位的安全设备、器材或者其他产品。

第六十二条 安全生产监督管理部门和其他负有安全生产监督管理职责的部门依法开展安全生产行政执法工作，对生产经营单位执行有关安全生产的法律、法规和国家标准或者行业标准的情况进行监督检查，行使以下职权：

（一）进入生产经营单位进行检查，调阅有关资料，向有关单位和人员了解情况；

（二）对检查中发现的安全生产违法行为，当场予以纠正或者要求限期改正；对依法应当给予行政处罚的行为，依照本法和其他有关法律、行政法规的规定作出行政处罚决定；

（三）对检查中发现的事故隐患，应当责令立即排除；重大事故隐患排除前或者排除过程中无法保证安全的，应当责令从危险区域内撤出作业人员，责令暂时停产停业或者停止使用相关设施、设备；重大事故隐患排除后，经审查同意，方可恢复生产经营和使用；

（四）对有根据认为不符合保障安全生产的国家标准或者行业标准的设施、设备、器材以及违法生产、储存、使用、经营、运输的危险物品予以查封或者扣押，对违法生产、储存、使用、经营危险物品的作业场所予以查封，并依法作出处理决定。

监督检查不得影响被检查单位的正常生产经营活动。

第六十三条 生产经营单位对负有安全生产监督管理职责的部门的监督检查人员（以下统称安全生产监督检查人员）依法履行监督检查职责，应当予以配合，不得拒绝、阻挠。

第六十四条 安全生产监督检查人员应当忠于职守，坚持原则，秉公执法。

安全生产监督检查人员执行监督检查任务时，必须出示有效的监督执法证件；对涉及被检查单位的技术秘密和业务秘密，应当为其保密。

第六十五条 安全生产监督检查人员应当将检查的时间、地点、内容、发现的问题及其处理情况，作出书面记录，并由检查人员和被检查单位的负责人签字；被检查单位的负责人拒绝签字的，检查人员应当将情况记录在案，并向负有安全生产监督管理职责的部门报告。

第六十六条 负有安全生产监督管理职责的部门在监督检查中，应当互相配合，实行联合检查；确需分别进行检查的，应当互通情况，发现存在的安全问题应当由其他有关部门进行处理的，应当及时移送其他有关部门并形成记录备查，接受移送的部门应当及时进行处理。

第六十七条　负有安全生产监督管理职责的部门依法对存在重大事故隐患的生产经营单位作出停产停业、停止施工、停止使用相关设施或者设备的决定,生产经营单位应当依法执行,及时消除事故隐患。

……

第六十八条　监察机关依照行政监察法的规定,对负有安全生产监督管理职责的部门及其工作人员履行安全生产监督管理职责实施监察。

第六十九条　承担安全评价、认证、检测、检验的机构应当具备国家规定的资质条件,并对其作出的安全评价、认证、检测、检验的结果负责。

第七十条　负有安全生产监督管理职责的部门应当建立举报制度,公开举报电话、信箱或者电子邮件地址,受理有关安全生产的举报;受理的举报事项经调查核实后,应当形成书面材料;需要落实整改措施的,报经有关负责人签字并督促落实。

第七十一条　任何单位或者个人对事故隐患或者安全生产违法行为,均有权向负有安全生产监督管理职责的部门报告或者举报。

第七十二条　居民委员会、村民委员会发现其所在区域内的生产经营单位存在事故隐患或者安全生产违法行为时,应当向当地人民政府或者有关部门报告。

第七十三条　县级以上各级人民政府及其有关部门对报告重大事故隐患或者举报安全生产违法行为的有功人员,给予奖励。具体奖励办法由国务院安全生产监督管理部门会同国务院财政部门制定。

第七十四条　新闻、出版、广播、电影、电视等单位有进行安全生产公益宣传教育的义务,有对违反安全生产法律、法规的行为进行舆论监督的权利。

第七十五条　负有安全生产监督管理职责的部门应当建立安全生产违法行为信息库,如实记录生产经营单位的安全生产违法行为信息;对违法行为情节严重的生产经营单位,应当向社会公告,并通报行业主管部门、投资主管部门、国土资源主管部门、证券监督管理机构以及有关金融机构。

第五章　生产安全事故的应急救援与调查处理

……

第七十七条　县级以上地方各级人民政府应当组织有关部门制定本行政区域内生产安全事故应急救援预案,建立应急救援体系。

第七十八条　生产经营单位应当制定本单位生产安全事故应急救援预案,与所在地县级以上地方人民政府组织制定的生产安全事故应急救援预案相衔接,并定期组织演练。

第七十九条　危险物品的生产、经营、储存单位以及矿山、金属冶炼、城市轨道交通运营、建筑施工单位应当建立应急救援组织;生产经营规模较小的,可以不建立应急救援组织,但应当指定兼职的应急救援人员。

……

第八十条　生产经营单位发生生产安全事故后,事故现场有关人员应当立即报告本单位负责人。

单位负责人接到事故报告后,应当迅速采取有效措施,组织抢救,防止事故扩大,减少人员伤亡和财产损失,并按照国家有关规定立即如实报告当地负有安全生产监督管理职责的部门,不得隐瞒不报、谎报或者迟报,不得故意破坏事故现场、毁灭有关证据。

第八十一条 负有安全生产监督管理职责的部门接到事故报告后,应当立即按照国家有关规定上报事故情况。负有安全生产监督管理职责的部门和有关地方人民政府对事故情况不得隐瞒不报、谎报或者迟报。

第八十二条 有关地方人民政府和负有安全生产监督管理职责的部门的负责人接到生产安全事故报告后,应当按照生产安全事故应急救援预案的要求立即赶到事故现场,组织事故抢救。

参与事故抢救的部门和单位应当服从统一指挥,加强协同联动,采取有效的应急救援措施,并根据事故救援的需要采取警戒、疏散等措施,防止事故扩大和次生灾害的发生,减少人员伤亡和财产损失。

事故抢救过程中应当采取必要措施,避免或者减少对环境造成的危害。

任何单位和个人都应当支持、配合事故抢救,并提供一切便利条件。

第八十三条 事故调查处理应当按照科学严谨、依法依规、实事求是、注重实效的原则,及时、准确地查清事故原因,查明事故性质和责任,总结事故教训,提出整改措施,并对事故责任者提出处理意见。事故调查报告应当依法及时向社会公布。事故调查和处理的具体办法由国务院制定。

事故发生单位应当及时全面落实整改措施,负有安全生产监督管理职责的部门应当加强监督检查。

第八十四条 生产经营单位发生生产安全事故,经调查确定为责任事故的,除了应当查明事故单位的责任并依法予以追究外,还应当查明对安全生产的有关事项负有审查批准和监督职责的行政部门的责任,对有失职、渎职行为的,依照本法第八十七条的规定追究法律责任。

第八十五条 任何单位和个人不得阻挠和干涉对事故的依法调查处理。

第八十六条 县级以上地方各级人民政府安全生产监督管理部门应当定期统计分析本行政区域内发生生产安全事故的情况,并定期向社会公布。

第六章 法律责任

第八十七条 负有安全生产监督管理职责的部门的工作人员,有下列行为之一的,给予降级或者撤职的处分;构成犯罪的,依照刑法有关规定追究刑事责任:

(一)对不符合法定安全生产条件的涉及安全生产的事项予以批准或者验收通过的;

(二)发现未依法取得批准、验收的单位擅自从事有关活动或者接到举报后不予取缔或者不依法予以处理的;

(三)对已经依法取得批准的单位不履行监督管理职责,发现其不再具备安全生产条件而不撤销原批准或者发现安全生产违法行为不予查处的;

(四)在监督检查中发现重大事故隐患,不依法及时处理的。

负有安全生产监督管理职责的部门的工作人员有前款规定以外的滥用职权、玩忽职守、徇私舞弊行为的,依法给予处分;构成犯罪的,依照刑法有关规定追究刑事责任。

第八十八条 负有安全生产监督管理职责的部门，要求被审查、验收的单位购买其指定的安全设备、器材或者其他产品的，在对安全生产事项的审查、验收中收取费用的，由其上级机关或者监察机关责令改正，责令退还收取的费用；情节严重的，对直接负责的主管人员和其他直接责任人员依法给予处分。

……

第九十条 生产经营单位的决策机构、主要负责人或者个人经营的投资人不依照本法规定保证安全生产所必需的资金投入，致使生产经营单位不具备安全生产条件的，责令限期改正，提供必需的资金；逾期未改正的，责令生产经营单位停产停业整顿。

有前款违法行为，导致发生生产安全事故的，对生产经营单位的主要负责人给予撤职处分，对个人经营的投资人处二万元以上二十万元以下的罚款；构成犯罪的，依照刑法有关规定追究刑事责任。

第九十一条 生产经营单位的主要负责人未履行本法规定的安全生产管理职责的，责令限期改正；逾期未改正的，处二万元以上五万元以下的罚款，责令生产经营单位停产停业整顿。

生产经营单位的主要负责人有前款违法行为，导致发生生产安全事故的，给予撤职处分；构成犯罪的，依照刑法有关规定追究刑事责任。

生产经营单位的主要负责人依照前款规定受刑事处罚或者撤职处分的，自刑罚执行完毕或者受处分之日起，五年内不得担任任何生产经营单位的主要负责人；对重大、特别重大生产安全事故负有责任的，终身不得担任本行业生产经营单位的主要负责人。

第九十二条 生产经营单位的主要负责人未履行本法规定的安全生产管理职责，导致发生生产安全事故的，由安全生产监督管理部门依照下列规定处以罚款：

（一）发生一般事故的，处上一年年收入百分之三十的罚款；

（二）发生较大事故的，处上一年年收入百分之四十的罚款；

（三）发生重大事故的，处上一年年收入百分之六十的罚款；

（四）发生特别重大事故的，处上一年年收入百分之八十的罚款。

第九十三条 生产经营单位的安全生产管理人员未履行本法规定的安全生产管理职责的，责令限期改正；导致发生生产安全事故的，暂停或者撤销其与安全生产有关的资格；构成犯罪的，依照刑法有关规定追究刑事责任。

第九十四条 生产经营单位有下列行为之一的，责令限期改正，可以处五万元以下的罚款；逾期未改正的，责令停产停业整顿，并处五万元以上十万元以下的罚款，对其直接负责的主管人员和其他直接责任人员处一万元以上二万元以下的罚款：

（一）未按照规定设置安全生产管理机构或者配备安全生产管理人员的；

……

（三）未按照规定对从业人员、被派遣劳动者、实习学生进行安全生产教育和培训，或者未按照规定如实告知有关的安全生产事项的；

（四）未如实记录安全生产教育和培训情况的；

（五）未将事故隐患排查治理情况如实记录或者未向从业人员通报的；

（六）未按照规定制定生产安全事故应急救援预案或者未定期组织演练的；

……

第九十六条 生产经营单位有下列行为之一的，责令限期改正，可以处五万元以下的罚款；逾期未改正的，处五万元以上二十万元以下的罚款，对其直接负责的主管人员和其他直接责任人员处一万元以上二万元以下的罚款；情节严重的，责令停产停业整顿；构成犯罪的，依照刑法有关规定追究刑事责任：

（一）未在有较大危险因素的生产经营场所和有关设施、设备上设置明显的安全警示标志的；

（二）安全设备的安装、使用、检测、改造和报废不符合国家标准或者行业标准的；

（三）未对安全设备进行经常性维护、保养和定期检测的；

（四）未为从业人员提供符合国家标准或者行业标准的劳动防护用品的；

……

第九十七条 未经依法批准，擅自生产、经营、运输、储存、使用危险物品或者处置废弃危险物品的，依照有关危险物品安全管理的法律、行政法规的规定予以处罚；构成犯罪的，依照刑法有关规定追究刑事责任。

第九十八条 生产经营单位有下列行为之一的，责令限期改正，可以处十万元以下的罚款；逾期未改正的，责令停产停业整顿，并处十万元以上二十万元以下的罚款，对其直接负责的主管人员和其他直接责任人员处二万元以上五万元以下的罚款；构成犯罪的，依照刑法有关规定追究刑事责任：

……

（二）对重大危险源未登记建档，或者未进行评估、监控，或者未制定应急预案的；

……

（四）未建立事故隐患排查治理制度的。

第九十九条 生产经营单位未采取措施消除事故隐患的，责令立即消除或者限期消除；生产经营单位拒不执行的，责令停产停业整顿，并处十万元以上五十万元以下的罚款，对其直接负责的主管人员和其他直接责任人员处二万元以上五万元以下的罚款。

第一百条 生产经营单位将生产经营项目、场所、设备发包或者出租给不具备安全生产条件或者相应资质的单位或者个人的，责令限期改正，没收违法所得；违法所得十万元以上的，并处违法所得二倍以上五倍以下的罚款；没有违法所得或者违法所得不足十万元的，单处或者并处十万元以上二十万元以下的罚款；对其直接负责的主管人员和其他直接责任人员处一万元以上二万元以下的罚款；导致发生生产安全事故给他人造成损害的，与承包方、承租方承担连带赔偿责任。

生产经营单位未与承包单位、承租单位签订专门的安全生产管理协议或者未在承包合同、租赁合同中明确各自的安全生产管理职责，或者未对承包单位、承租单位的安全生产统一协调、管理的，责令限期改正，可以处五万元以下的罚款，对其直接负责的主管人员和其他直接责任人员可以处一万元以下的罚款；逾期未改正的，责令停产停业整顿。

……

第一百零二条 生产经营单位有下列行为之一的，责令限期改正，可以处五万元以下的罚款，对其直接负责的主管人员和其他直接责任人员可以处一万元以下的罚款；逾期未改正的，责令停产停业整顿；构成犯罪的，依照刑法有关规定追究刑事责任：

……

（二）生产经营场所和员工宿舍未设有符合紧急疏散需要、标志明显、保持畅通的出口，或者锁闭、封堵生产经营场所或者员工宿舍出口的。

第一百零三条 生产经营单位与从业人员订立协议，免除或者减轻其对从业人员因生产安全事故伤亡依法应承担的责任的，该协议无效；对生产经营单位的主要负责人、个人经营的投资人处二万元以上十万元以下的罚款。

第一百零四条 生产经营单位的从业人员不服从管理，违反安全生产规章制度或者操作规程的，由生产经营单位给予批评教育，依照有关规章制度给予处分；构成犯罪的，依照刑法有关规定追究刑事责任。

第一百零五条 违反本法规定，生产经营单位拒绝、阻碍负有安全生产监督管理职责的部门依法实施监督检查的，责令改正；拒不改正的，处二万元以上二十万元以下的罚款；对其直接负责的主管人员和其他直接责任人员处一万元以上二万元以下的罚款；构成犯罪的，依照刑法有关规定追究刑事责任。

第一百零六条 生产经营单位的主要负责人在本单位发生生产安全事故时，不立即组织抢救或者在事故调查处理期间擅离职守或者逃匿的，给予降级、撤职的处分，并由安全生产监督管理部门处上一年年收入百分之六十至百分之一百的罚款；对逃匿的处十五日以下拘留；构成犯罪的，依照刑法有关规定追究刑事责任。

生产经营单位的主要负责人对生产安全事故隐瞒不报、谎报或者迟报的，依照前款规定处罚。

第一百零七条 有关地方人民政府、负有安全生产监督管理职责的部门，对生产安全事故隐瞒不报、谎报或者迟报的，对直接负责的主管人员和其他直接责任人员依法给予处分；构成犯罪的，依照刑法有关规定追究刑事责任。

第一百零八条 生产经营单位不具备本法和其他有关法律、行政法规和国家标准或者行业标准规定的安全生产条件，经停产停业整顿仍不具备安全生产条件的，予以关闭；有关部门应当依法吊销其有关证照。

第一百零九条 发生生产安全事故，对负有责任的生产经营单位除要求其依法承担相应的赔偿等责任外，由安全生产监督管理部门依照下列规定处以罚款：

（一）发生一般事故的，处二十万元以上五十万元以下的罚款；

（二）发生较大事故的，处五十万元以上一百万元以下的罚款；

（三）发生重大事故的，处一百万元以上五百万元以下的罚款；

（四）发生特别重大事故的，处五百万元以上一千万元以下的罚款；情节特别严重的，处一千万元以上二千万元以下的罚款。

第一百一十条 本法规定的行政处罚，由安全生产监督管理部门和其他负有安全生产监督管理职责的部门按照职责分工决定。予以关闭的行政处罚由负有安全生产监督管理职责的部门报请县级以上人民政府按照国务院规定的权限决定；给予拘留的行政处罚由公安机关依照治安管理处罚法的规定决定。

第一百一十一条 生产经营单位发生生产安全事故造成人员伤亡、他人财产损失的，应当依法承担赔偿责任;拒不承担或者其负责人逃匿的,由人民法院依法强制执行。

生产安全事故的责任人未依法承担赔偿责任,经人民法院依法采取执行措施后,仍不能对受害人给予足额赔偿的,应当继续履行赔偿义务;受害人发现责任人有其他财产的,可以随时请求人民法院执行。

第七章　附　　则

……

第一百一十三条　本法规定的生产安全一般事故、较大事故、重大事故、特别重大事故的划分标准由国务院规定。

国务院安全生产监督管理部门和其他负有安全生产监督管理职责的部门应当根据各自的职责分工,制定相关行业、领域重大事故隐患的判定标准。

……

2.《中华人民共和国道路交通安全法》(中华人民共和国主席令第8号,自2011年5月1日起施行;依据2007年12月29日中华人民共和国主席令第81号第一次修正;依据2011年4月22日中华人民共和国主席令第47号第二次修正)(节选)

中华人民共和国道路交通安全法

第一章　总　　则

第一条　为了维护道路交通秩序,预防和减少交通事故,保护人身安全,保护公民、法人和其他组织的财产安全及其他合法权益,提高通行效率,制定本法。

第二条　中华人民共和国境内的车辆驾驶人、行人、乘车人以及与道路交通活动有关的单位和个人,都应当遵守本法。

第三条　道路交通安全工作,应当遵循依法管理、方便群众的原则,保障道路交通有序、安全、畅通。

第四条　各级人民政府应当保障道路交通安全管理工作与经济建设和社会发展相适应。

县级以上地方各级人民政府应当适应道路交通发展的需要,依据道路交通安全法律、法规和国家有关政策,制定道路交通安全管理规划,并组织实施。

第五条　国务院公安部门负责全国道路交通安全管理工作。县级以上地方各级人民政府公安机关交通管理部门负责本行政区域内的道路交通安全管理工作。

县级以上各级人民政府交通、建设管理部门依据各自职责,负责有关的道路交通工作。

第六条　各级人民政府应当经常进行道路交通安全教育,提高公民的道路交通安全意识。

……

第二章　车辆和驾驶人

第一节　机动车、非机动车

第八条　国家对机动车实行登记制度。机动车经公安机关交通管理部门登记后,方可上道路行驶。尚未登记的机动车,需要临时上道路行驶的,应当取得临时通行牌证。

第九条　申请机动车登记,应当提交以下证明、凭证:

(一)机动车所有人的身份证明;

(二)机动车来历证明;

(三)机动车整车出厂合格证明或者进口机动车进口凭证;

（四）车辆购置税的完税证明或者免税凭证；

（五）法律、行政法规规定应当在机动车登记时提交的其他证明、凭证。

公安机关交通管理部门应当自受理申请之日起五个工作日内完成机动车登记审查工作，对符合前款规定条件的，应当发放机动车登记证书、号牌和行驶证；对不符合前款规定条件的，应当向申请人说明不予登记的理由。

公安机关交通管理部门以外的任何单位或者个人不得发放机动车号牌或者要求机动车悬挂其他号牌，本法另有规定的除外。

机动车登记证书、号牌、行驶证的式样由国务院公安部门规定并监制。

第十条 准予登记的机动车应当符合机动车国家安全技术标准。申请机动车登记时，应当接受对该机动车的安全技术检验。但是，经国家机动车产品主管部门依据机动车国家安全技术标准认定的企业生产的机动车型，该车型的新车在出厂时经检验符合机动车国家安全技术标准，获得检验合格证的，免予安全技术检验。

第十一条 驾驶机动车上道路行驶，应当悬挂机动车号牌，放置检验合格标志、保险标志，并随车携带机动车行驶证。

机动车号牌应当按照规定悬挂并保持清晰、完整，不得故意遮挡、污损。

任何单位和个人不得收缴、扣留机动车号牌。

第十二条 有下列情形之一的，应当办理相应的登记：

（一）机动车所有权发生转移的；

（二）机动车登记内容变更的；

（三）机动车用作抵押的；

（四）机动车报废的。

第十三条 对登记后上道路行驶的机动车，应当依照法律、行政法规的规定，根据车辆用途、载客载货数量、使用年限等不同情况，定期进行安全技术检验。对提供机动车行驶证和机动车第三者责任强制保险单的，机动车安全技术检验机构应当予以检验，任何单位不得附加其他条件。对符合机动车国家安全技术标准的，公安机关交通管理部门应当发给检验合格标志。

对机动车的安全技术检验实行社会化。具体办法由国务院规定。

机动车安全技术检验实行社会化的地方，任何单位不得要求机动车到指定的场所进行检验。

公安机关交通管理部门、机动车安全技术检验机构不得要求机动车到指定的场所进行维修、保养。

机动车安全技术检验机构对机动车检验收取费用，应当严格执行国务院价格主管部门核定的收费标准。

第十四条 国家实行机动车强制报废制度，根据机动车的安全技术状况和不同用途，规定不同的报废标准。

应当报废的机动车必须及时办理注销登记。

达到报废标准的机动车不得上道路行驶。报废的大型客、货车及其他营运车辆应当在公安机关交通管理部门的监督下解体。

……

第十六条 任何单位或者个人不得有下列行为：

(一)拼装机动车或者擅自改变机动车已登记的结构、构造或者特征;

(二)改变机动车型号、发动机号、车架号或者车辆识别代号;

(三)伪造、变造或者使用伪造、变造的机动车登记证书、号牌、行驶证、检验合格标志、保险标志;

(四)使用其他机动车的登记证书、号牌、行驶证、检验合格标志、保险标志。

第十七条 国家实行机动车第三者责任强制保险制度,设立道路交通事故社会救助基金。具体办法由国务院规定。

……

第二节 机动车驾驶人

第十九条 驾驶机动车,应当依法取得机动车驾驶证。

申请机动车驾驶证,应当符合国务院公安部门规定的驾驶许可条件;经考试合格后,由公安机关交通管理部门发给相应类别的机动车驾驶证。

持有境外机动车驾驶证的人,符合国务院公安部门规定的驾驶许可条件,经公安机关交通管理部门考核合格的,可以发给中国的机动车驾驶证。

驾驶人应当按照驾驶证载明的准驾车型驾驶机动车;驾驶机动车时,应当随身携带机动车驾驶证。

公安机关交通管理部门以外的任何单位或者个人,不得收缴、扣留机动车驾驶证。

第二十条 机动车的驾驶培训实行社会化,由交通主管部门对驾驶培训学校、驾驶培训班实行资格管理,其中专门的拖拉机驾驶培训学校、驾驶培训班由农业(农业机械)主管部门实行资格管理。

驾驶培训学校、驾驶培训班应当严格按照国家有关规定,对学员进行道路交通安全法律、法规、驾驶技能的培训,确保培训质量。

任何国家机关以及驾驶培训和考试主管部门不得举办或者参与举办驾驶培训学校、驾驶培训班。

第二十一条 驾驶人驾驶机动车上道路行驶前,应当对机动车的安全技术性能进行认真检查;不得驾驶安全设施不全或者机件不符合技术标准等具有安全隐患的机动车。

第二十二条 机动车驾驶人应当遵守道路交通安全法律、法规的规定,按照操作规范安全驾驶、文明驾驶。

饮酒、服用国家管制的精神药品或者麻醉药品,或者患有妨碍安全驾驶机动车的疾病,或者过度疲劳影响安全驾驶的,不得驾驶机动车。

任何人不得强迫、指使、纵容驾驶人违反道路交通安全法律、法规和机动车安全驾驶要求驾驶机动车。

第二十三条 公安机关交通管理部门依照法律、行政法规的规定,定期对机动车驾驶证实施审验。

第二十四条 公安机关交通管理部门对机动车驾驶人违反道路交通安全法律、法规的行为,除依法给予行政处罚外,实行累积记分制度。公安机关交通管理部门对累积记分达到规定分值的机动车驾驶人,扣留机动车驾驶证,对其进行道路交通安全法律、法规教育,重新考试;考试合格的,发还其机动车驾驶证。

对遵守道路交通安全法律、法规,在一年内无累积记分的机动车驾驶人,可以延长机动车驾驶证的审验期。具体办法由国务院公安部门规定。

第三章　道路通行条件

第二十五条　全国实行统一的道路交通信号。

交通信号包括交通信号灯、交通标志、交通标线和交通警察的指挥。

交通信号灯、交通标志、交通标线的设置应当符合道路交通安全、畅通的要求和国家标准,并保持清晰、醒目、准确、完好。

根据通行需要,应当及时增设、调换、更新道路交通信号。增设、调换、更新限制性的道路交通信号,应当提前向社会公告,广泛进行宣传。

第二十六条　交通信号灯由红灯、绿灯、黄灯组成。红灯表示禁止通行,绿灯表示准许通行,黄灯表示警示。

……

第四章　道路通行规定

第一节　一般规定

第三十五条　机动车、非机动车实行右侧通行。

第三十六条　根据道路条件和通行需要,道路划分为机动车道、非机动车道和人行道的,机动车、非机动车、行人实行分道通行。没有划分机动车道、非机动车道和人行道的,机动车在道路中间通行,非机动车和行人在道路两侧通行。

第三十七条　道路划设专用车道的,在专用车道内,只准许规定的车辆通行,其他车辆不得进入专用车道内行驶。

第三十八条　车辆、行人应当按照交通信号通行;遇有交通警察现场指挥时,应当按照交通警察的指挥通行;在没有交通信号的道路上,应当在确保安全、畅通的原则下通行。

第三十九条　公安机关交通管理部门根据道路和交通流量的具体情况,可以对机动车、非机动车、行人采取疏导、限制通行、禁止通行等措施。遇有大型群众性活动、大范围施工等情况,需要采取限制交通的措施,或者作出与公众的道路交通活动直接有关的决定,应当提前向社会公告。

第四十条　遇有自然灾害、恶劣气象条件或者重大交通事故等严重影响交通安全的情形,采取其他措施难以保证交通安全时,公安机关交通管理部门可以实行交通管制。

第四十一条　有关道路通行的其他具体规定,由国务院规定。

第二节　机动车通行规定

第四十二条　机动车上道路行驶,不得超过限速标志标明的最高时速。在没有限速标志的路段,应当保持安全车速。

夜间行驶或者在容易发生危险的路段行驶,以及遇有沙尘、冰雹、雨、雪、雾、结冰等气象条件时,应当降低行驶速度。

第四十三条　同车道行驶的机动车,后车应当与前车保持足以采取紧急制动措施的安

全距离。有下列情形之一的,不得超车:

(一)前车正在左转弯、掉头、超车的;

(二)与对面来车有会车可能的;

(三)前车为执行紧急任务的警车、消防车、救护车、工程救险车的;

(四)行经铁路道口、交叉路口、窄桥、弯道、陡坡、隧道、人行横道、市区交通流量大的路段等没有超车条件的。

第四十四条 机动车通过交叉路口,应当按照交通信号灯、交通标志、交通标线或者交通警察的指挥通过;通过没有交通信号灯、交通标志、交通标线或者交通警察指挥的交叉路口时,应当减速慢行,并让行人和优先通行的车辆先行。

第四十五条 机动车遇有前方车辆停车排队等候或者缓慢行驶时,不得借道超车或者占用对面车道,不得穿插等候的车辆。

在车道减少的路段、路口,或者在没有交通信号灯、交通标志、交通标线或者交通警察指挥的交叉路口遇到停车排队等候或者缓慢行驶时,机动车应当依次交替通行。

第四十六条 机动车通过铁路道口时,应当按照交通信号或者管理人员的指挥通行;没有交通信号或者管理人员的,应当减速或者停车,在确认安全后通过。

第四十七条 机动车行经人行横道时,应当减速行驶;遇行人正在通过人行横道,应当停车让行。

机动车行经没有交通信号的道路时,遇行人横过道路,应当避让。

第四十八条 机动车载物应当符合核定的载质量,严禁超载;载物的长、宽、高不得违反装载要求,不得遗洒、飘散载运物。

……

第四十九条 机动车载人不得超过核定的人数,客运机动车不得违反规定载货。

……

第五十一条 机动车行驶时,驾驶人、乘坐人员应当按规定使用安全带,摩托车驾驶人及乘坐人员应当按规定戴安全头盔。

第五十二条 机动车在道路上发生故障,需要停车排除故障时,驾驶人应当立即开启危险报警闪光灯,将机动车移至不妨碍交通的地方停放;难以移动的,应当持续开启危险报警闪光灯,并在来车方向设置警告标志等措施扩大示警距离,必要时迅速报警。

……

第五十六条 机动车应当在规定地点停放。禁止在人行道上停放机动车;但是,依照本法第三十三条规定施划的停车泊位除外。

在道路上临时停车的,不得妨碍其他车辆和行人通行。

第三节　非机动车通行规定(略)

第四节　行人和乘车人通行规定(略)

第五节　高速公路的特别规定(选编)

……

第六十八条 机动车在高速公路上发生故障时,应当依照本法第五十二条的有关规定办理;但是,警告标志应当设置在故障车来车方向一百五十米以外,车上人员应当迅速转移到右侧路肩上或者应急车道内,并且迅速报警。

机动车在高速公路上发生故障或者交通事故,无法正常行驶的,应当由救援车、清障车拖曳、牵引。

第六十九条 任何单位、个人不得在高速公路上拦截检查行驶的车辆,公安机关的人民警察依法执行紧急公务除外。

第五章 交通事故处理

第七十条 在道路上发生交通事故,车辆驾驶人应当立即停车,保护现场;造成人身伤亡的,车辆驾驶人应当立即抢救受伤人员,并迅速报告执勤的交通警察或者公安机关交通管理部门。因抢救受伤人员变动现场的,应当标明位置。乘车人、过往车辆驾驶人、过往行人应当予以协助。

在道路上发生交通事故,未造成人身伤亡,当事人对事实及成因无争议的,可以即行撤离现场,恢复交通,自行协商处理损害赔偿事宜;不即行撤离现场的,应当迅速报告执勤的交通警察或者公安机关交通管理部门。

在道路上发生交通事故,仅造成轻微财产损失,并且基本事实清楚的,当事人应当先撤离现场再进行协商处理。

第七十一条 车辆发生交通事故后逃逸的,事故现场目击人员和其他知情人员应当向公安机关交通管理部门或者交通警察举报。举报属实的,公安机关交通管理部门应当给予奖励。

第七十二条 公安机关交通管理部门接到交通事故报警后,应当立即派交通警察赶赴现场,先组织抢救受伤人员,并采取措施,尽快恢复交通。

交通警察应当对交通事故现场进行勘验、检查,收集证据;因收集证据的需要,可以扣留事故车辆,但是应当妥善保管,以备核查。

对当事人的生理、精神状况等专业性较强的检验,公安机关交通管理部门应当委托专门机构进行鉴定。鉴定结论应当由鉴定人签名。

第七十三条 公安机关交通管理部门应当根据交通事故现场勘验、检查、调查情况和有关的检验、鉴定结论,及时制作交通事故认定书,作为处理交通事故的证据。交通事故认定书应当载明交通事故的基本事实、成因和当事人的责任,并送达当事人。

第七十四条 对交通事故损害赔偿的争议,当事人可以请求公安机关交通管理部门调解,也可以直接向人民法院提起民事诉讼。

经公安机关交通管理部门调解,当事人未达成协议或者调解书生效后不履行的,当事人可以向人民法院提起民事诉讼。

第七十五条 医疗机构对交通事故中的受伤人员应当及时抢救,不得因抢救费用未及时支付而拖延救治。肇事车辆参加机动车第三者责任强制保险的,由保险公司在责任限额范围内支付抢救费用;抢救费用超过责任限额的,未参加机动车第三者责任强制保险或者肇事后逃逸的,由道路交通事故社会救助基金先行垫付部分或者全部抢救费用,道路交通事故社会救助基金管理机构有权向交通事故责任人追偿。

第七十六条　机动车发生交通事故造成人身伤亡、财产损失的，由保险公司在机动车第三者责任强制保险责任限额范围内予以赔偿；不足的部分，按照下列规定承担赔偿责任：

（一）机动车之间发生交通事故的，由有过错的一方承担赔偿责任；双方都有过错的，按照各自过错的比例分担责任。

（二）机动车与非机动车驾驶人、行人之间发生交通事故，非机动车驾驶人、行人没有过错的，由机动车一方承担赔偿责任；有证据证明非机动车驾驶人、行人有过错的，根据过错程度适当减轻机动车一方的赔偿责任；机动车一方没有过错的，承担不超过百分之十的赔偿责任。

交通事故的损失是由非机动车驾驶人、行人故意碰撞机动车造成的，机动车一方不承担赔偿责任。

第七十七条　车辆在道路以外通行时发生的事故，公安机关交通管理部门接到报案的，参照本法有关规定办理。

第六章　执法监督

……

第八十条　交通警察执行职务时，应当按照规定着装，佩戴人民警察标志，持有人民警察证件，保持警容严整，举止端庄，指挥规范。

第八十一条　依照本法发放牌证等收取工本费，应当严格执行国务院价格主管部门核定的收费标准，并全部上缴国库。

……

第八十五条　公安机关交通管理部门及其交通警察执行职务，应当自觉接受社会和公民的监督。

任何单位和个人都有权对公安机关交通管理部门及其交通警察不严格执法以及违法违纪行为进行检举、控告。收到检举、控告的机关，应当依据职责及时查处。

……

第七章　法律责任

第八十七条　公安机关交通管理部门及其交通警察对道路交通安全违法行为，应当及时纠正。

公安机关交通管理部门及其交通警察应当依据事实和本法的有关规定对道路交通安全违法行为予以处罚。对于情节轻微，未影响道路通行的，指出违法行为，给予口头警告后放行。

第八十八条　对道路交通安全违法行为的处罚种类包括：警告、罚款、暂扣或者吊销机动车驾驶证、拘留。

……

第九十条　机动车驾驶人违反道路交通安全法律、法规关于道路通行规定的，处警告或者二十元以上二百元以下罚款。本法另有规定的，依照规定处罚。

第九十一条　……

饮酒后驾驶营运机动车的，处十五日拘留，并处五千元罚款，吊销机动车驾驶证，五年内不得重新取得机动车驾驶证。

醉酒驾驶营运机动车的，由公安机关交通管理部门约束至酒醒，吊销机动车驾驶证，依法追究刑事责任；十年内不得重新取得机动车驾驶证，重新取得机动车驾驶证后，不得驾驶营运机动车。

饮酒后或者醉酒驾驶机动车发生重大交通事故，构成犯罪的，依法追究刑事责任，并由公安机关交通管理部门吊销机动车驾驶证，终生不得重新取得机动车驾驶证。

第九十二条 公路客运车辆载客超过额定乘员的，处二百元以上五百元以下罚款；超过额定乘员百分之二十或者违反规定载货的，处五百元以上二千元以下罚款。

……

有前两款行为的，由公安机关交通管理部门扣留机动车至违法状态消除。

……

第九十三条 对违反道路交通安全法律、法规关于机动车停放、临时停车规定的，可以指出违法行为，并予以口头警告，令其立即驶离。

机动车驾驶人不在现场或者虽在现场但拒绝立即驶离，妨碍其他车辆、行人通行的，处二十元以上二百元以下罚款，并可以将该机动车拖移至不妨碍交通的地点或者公安机关交通管理部门指定的地点停放。公安机关交通管理部门拖车不得向当事人收取费用，并应当及时告知当事人停放地点。

因采取不正确的方法拖车造成机动车损坏的，应当依法承担补偿责任。

第九十四条 机动车安全技术检验机构实施机动车安全技术检验超过国务院价格主管部门核定的收费标准收取费用的，退还多收取的费用，并由价格主管部门依照《中华人民共和国价格法》的有关规定给予处罚。

机动车安全技术检验机构不按照机动车国家安全技术标准进行检验，出具虚假检验结果的，由公安机关交通管理部门处所收检验费用五倍以上十倍以下罚款，并依法撤销其检验资格；构成犯罪的，依法追究刑事责任。

第九十五条 上道路行驶的机动车未悬挂机动车号牌，未放置检验合格标志、保险标志，或者未随车携带行驶证、驾驶证的，公安机关交通管理部门应当扣留机动车，通知当事人提供相应的牌证、标志或者补办相应手续，并可以依照本法第九十条的规定予以处罚。当事人提供相应的牌证、标志或者补办相应手续的，应当及时退还机动车。

故意遮挡、污损或者不按规定安装机动车号牌的，依照本法第九十条的规定予以处罚。

第九十六条 伪造、变造或者使用伪造、变造的机动车登记证书、号牌、行驶证、驾驶证的，由公安机关交通管理部门予以收缴，扣留该机动车，处十五日以下拘留，并处二千元以上五千元以下罚款；构成犯罪的，依法追究刑事责任。

伪造、变造或者使用伪造、变造的检验合格标志、保险标志的，由公安机关交通管理部门予以收缴，扣留该机动车，处十日以下拘留，并处一千元以上三千元以下罚款；构成犯罪的，依法追究刑事责任。

使用其他车辆的机动车登记证书、号牌、行驶证、检验合格标志、保险标志的，由公安机关交通管理部门予以收缴，扣留该机动车，处二千元以上五千元以下罚款。

当事人提供相应的合法证明或者补办相应手续的，应当及时退还机动车。

……

第九十八条 机动车所有人、管理人未按照国家规定投保机动车第三者责任强制保险的，由公安机关交通管理部门扣留车辆至依照规定投保后，并处依照规定投保最低责任限额应缴纳的保险费的二倍罚款。

依照前款缴纳的罚款全部纳入道路交通事故社会救助基金。具体办法由国务院规定。

第九十九条 有下列行为之一的，由公安机关交通管理部门处二百元以上二千元以下罚款：

（一）未取得机动车驾驶证、机动车驾驶证被吊销或者机动车驾驶证被暂扣期间驾驶机动车的；

（二）将机动车交由未取得机动车驾驶证或者机动车驾驶证被吊销、暂扣的人驾驶的；

（三）造成交通事故后逃逸，尚不构成犯罪的；

（四）机动车行驶超过规定时速百分之五十的；

（五）强迫机动车驾驶人违反道路交通安全法律、法规和机动车安全驾驶要求驾驶机动车，造成交通事故，尚不构成犯罪的；

（六）违反交通管制的规定强行通行，不听劝阻的；

（七）故意损毁、移动、涂改交通设施，造成危害后果，尚不构成犯罪的；

（八）非法拦截、扣留机动车辆，不听劝阻，造成交通严重阻塞或者较大财产损失的。

行为人有前款第二项、第四项情形之一的，可以并处吊销机动车驾驶证；有第一项、第三项、第五项至第八项情形之一的，可以并处十五日以下拘留。

第一百条 驾驶拼装的机动车或者已达到报废标准的机动车上道路行驶的，公安机关交通管理部门应当予以收缴，强制报废。

对驾驶前款所列机动车上道路行驶的驾驶人，处二百元以上二千元以下罚款，并吊销机动车驾驶证。

出售已达到报废标准的机动车的，没收违法所得，处销售金额等额的罚款，对该机动车依照本条第一款的规定处理。

第一百零一条 违反道路交通安全法律、法规的规定，发生重大交通事故，构成犯罪的，依法追究刑事责任，并由公安机关交通管理部门吊销机动车驾驶证。

造成交通事故后逃逸的，由公安机关交通管理部门吊销机动车驾驶证，且终生不得重新取得机动车驾驶证。

第一百零二条 对六个月内发生二次以上特大交通事故负有主要责任或者全部责任的专业运输单位，由公安机关交通管理部门责令消除安全隐患，未消除安全隐患的机动车，禁止上道路行驶。

……

第一百零七条 对道路交通违法行为人予以警告、二百元以下罚款，交通警察可以当场作出行政处罚决定，并出具行政处罚决定书。

行政处罚决定书应当载明当事人的违法事实、行政处罚的依据、处罚内容、时间、地点以及处罚机关名称，并由执法人员签名或者盖章。

第一百零八条 当事人应当自收到罚款的行政处罚决定书之日起十五日内，到指定的银行缴纳罚款。

对行人、乘车人和非机动车驾驶人的罚款，当事人无异议的，可以当场予以收缴罚款。

罚款应当开具省、自治区、直辖市财政部门统一制发的罚款收据；不出具财政部门统一制发的罚款收据的，当事人有权拒绝缴纳罚款。

第一百零九条 当事人逾期不履行行政处罚决定的，作出行政处罚决定的行政机关可以采取下列措施：

（一）到期不缴纳罚款的，每日按罚款数额的百分之三加处罚款；

（二）申请人民法院强制执行。

第一百一十条 执行职务的交通警察认为应当对道路交通违法行为人给予暂扣或者吊销机动车驾驶证处罚的，可以先予扣留机动车驾驶证，并在二十四小时内将案件移交公安机关交通管理部门处理。

道路交通违法行为人应当在十五日内到公安机关交通管理部门接受处理。无正当理由逾期未接受处理的，吊销机动车驾驶证。

公安机关交通管理部门暂扣或者吊销机动车驾驶证的，应当出具行政处罚决定书。

第一百一十一条 对违反本法规定予以拘留的行政处罚，由县、市公安局、公安分局或者相当于县一级的公安机关裁决。

第一百一十二条 公安机关交通管理部门扣留机动车、非机动车，应当当场出具凭证，并告知当事人在规定期限内到公安机关交通管理部门接受处理。

公安机关交通管理部门对被扣留的车辆应当妥善保管，不得使用。

逾期不来接受处理，并且经公告三个月仍不来接受处理的，对扣留的车辆依法处理。

第一百一十三条 暂扣机动车驾驶证的期限从处罚决定生效之日起计算；处罚决定生效前先予扣留机动车驾驶证的，扣留一日折抵暂扣期限一日。

吊销机动车驾驶证后重新申请领取机动车驾驶证的期限，按照机动车驾驶证管理规定办理。

第一百一十四条 公安机关交通管理部门根据交通技术监控记录资料，可以对违法的机动车所有人或者管理人依法予以处罚。对能够确定驾驶人的，可以依照本法的规定依法予以处罚。

……

第八章　附　　则

第一百一十九条 本法中下列用语的含义：

（一）“道路”，是指公路、城市道路和虽在单位管辖范围但允许社会机动车通行的地方，包括广场、公共停车场等用于公众通行的场所。

（二）“车辆”，是指机动车和非机动车。

（三）“机动车”，是指以动力装置驱动或者牵引，上道路行驶的供人员乘用或者用于运送物品以及进行工程专项作业的轮式车辆。

（四）“非机动车”，是指以人力或者畜力驱动，上道路行驶的交通工具，以及虽有动力装置驱动但设计最高时速、空车质量、外形尺寸符合有关国家标准的残疾人机动轮椅车、电动自行车等交通工具。

(五)“交通事故”,是指车辆在道路上因过错或者意外造成的人身伤亡或者财产损失的事件。

……

第一百二十三条 省、自治区、直辖市人民代表大会常务委员会可以根据本地区的实际情况,在本法规定的罚款幅度内,规定具体的执行标准。

第一百二十四条 本法自 2004 年 5 月 1 日起施行。

3.《中华人民共和国突发事件应对法》(中华人民共和国主席令第69号,自2007年11月1日起施行)(节选)

中华人民共和国突发事件应对法

第一章　总　　则

第一条　为了预防和减少突发事件的发生,控制、减轻和消除突发事件引起的严重社会危害,规范突发事件应对活动,保护人民生命财产安全,维护国家安全、公共安全、环境安全和社会秩序,制定本法。

第二条　突发事件的预防与应急准备、监测与预警、应急处置与救援、事后恢复与重建等应对活动,适用本法。

第三条　本法所称突发事件,是指突然发生,造成或者可能造成严重社会危害,需要采取应急处置措施予以应对的自然灾害、事故灾难、公共卫生事件和社会安全事件。

按照社会危害程度、影响范围等因素,自然灾害、事故灾难、公共卫生事件分为特别重大、重大、较大和一般四级。法律、行政法规或者国务院另有规定的,从其规定。

突发事件的分级标准由国务院或者国务院确定的部门制定。

第四条　国家建立统一领导、综合协调、分类管理、分级负责、属地管理为主的应急管理体制。

第五条　突发事件应对工作实行预防为主、预防与应急相结合的原则。国家建立重大突发事件风险评估体系,对可能发生的突发事件进行综合性评估,减少重大突发事件的发生,最大限度地减轻重大突发事件的影响。

第六条　国家建立有效的社会动员机制,增强全民的公共安全和防范风险的意识,提高全社会的避险救助能力。

第七条　县级人民政府对本行政区域内突发事件的应对工作负责;涉及两个以上行政区域的,由有关行政区域共同的上一级人民政府负责,或者由各有关行政区域的上一级人民政府共同负责。

突发事件发生后,发生地县级人民政府应当立即采取措施控制事态发展,组织开展应急救援和处置工作,并立即向上一级人民政府报告,必要时可以越级上报。

突发事件发生地县级人民政府不能消除或者不能有效控制突发事件引起的严重社会危害的,应当及时向上级人民政府报告。上级人民政府应当及时采取措施,统一领导应急处置工作。

法律、行政法规规定由国务院有关部门对突发事件的应对工作负责的,从其规定;地方人民政府应当积极配合并提供必要的支持。

第八条 国务院在总理领导下研究、决定和部署特别重大突发事件的应对工作；根据实际需要，设立国家突发事件应急指挥机构，负责突发事件应对工作；必要时，国务院可以派出工作组指导有关工作。

县级以上地方各级人民政府设立由本级人民政府主要负责人、相关部门负责人、驻当地中国人民解放军和中国人民武装警察部队有关负责人组成的突发事件应急指挥机构，统一领导、协调本级人民政府各有关部门和下级人民政府开展突发事件应对工作；根据实际需要，设立相关类别突发事件应急指挥机构，组织、协调、指挥突发事件应对工作。

上级人民政府主管部门应当在各自职责范围内，指导、协助下级人民政府及其相应部门做好有关突发事件的应对工作。

第九条 国务院和县级以上地方各级人民政府是突发事件应对工作的行政领导机关，其办事机构及具体职责由国务院规定。

第十条 有关人民政府及其部门作出的应对突发事件的决定、命令，应当及时公布。

第十一条 有关人民政府及其部门采取的应对突发事件的措施，应当与突发事件可能造成的社会危害的性质、程度和范围相适应；有多种措施可供选择的，应当选择有利于最大程度地保护公民、法人和其他组织权益的措施。

公民、法人和其他组织有义务参与突发事件应对工作。

第十二条 有关人民政府及其部门为应对突发事件，可以征用单位和个人的财产。被征用的财产在使用完毕或者突发事件应急处置工作结束后，应当及时返还。财产被征用或者征用后毁损、灭失的，应当给予补偿。

第十三条 因采取突发事件应对措施，诉讼、行政复议、仲裁活动不能正常进行的，适用有关时效中止和程序中止的规定，但法律另有规定的除外。

……

第十六条 县级以上人民政府作出应对突发事件的决定、命令，应当报本级人民代表大会常务委员会备案；突发事件应急处置工作结束后，应当向本级人民代表大会常务委员会作出专项工作报告。

第二章 预防与应急准备

第十七条 国家建立健全突发事件应急预案体系。

国务院制定国家突发事件总体应急预案，组织制定国家突发事件专项应急预案；国务院有关部门根据各自的职责和国务院相关应急预案，制定国家突发事件部门应急预案。

地方各级人民政府和县级以上地方各级人民政府有关部门根据有关法律、法规、规章、上级人民政府及其有关部门的应急预案以及本地区的实际情况，制定相应的突发事件应急预案。

应急预案制定机关应当根据实际需要和情势变化，适时修订应急预案。应急预案的制定、修订程序由国务院规定。

第十八条 应急预案应当根据本法和其他有关法律、法规的规定，针对突发事件的性质、特点和可能造成的社会危害，具体规定突发事件应急管理工作的组织指挥体系与职责和突发事件的预防与预警机制、处置程序、应急保障措施以及事后恢复与重建措施等内容。

……

第二十条 县级人民政府应当对本行政区域内容易引发自然灾害、事故灾难和公共卫生事件的危险源、危险区域进行调查、登记、风险评估，定期进行检查、监控，并责令有关单位采取安全防范措施。

省级和设区的市级人民政府应当对本行政区域内容易引发特别重大、重大突发事件的危险源、危险区域进行调查、登记、风险评估，组织进行检查、监控，并责令有关单位采取安全防范措施。

县级以上地方各级人民政府按照本法规定登记的危险源、危险区域，应当按照国家规定及时向社会公布。

第二十一条 县级人民政府及其有关部门、乡级人民政府、街道办事处、居民委员会、村民委员会应当及时调解处理可能引发社会安全事件的矛盾纠纷。

第二十二条 所有单位应当建立健全安全管理制度，定期检查本单位各项安全防范措施的落实情况，及时消除事故隐患；掌握并及时处理本单位存在的可能引发社会安全事件的问题，防止矛盾激化和事态扩大；对本单位可能发生的突发事件和采取安全防范措施的情况，应当按照规定及时向所在地人民政府或者人民政府有关部门报告。

……

第二十四条 公共交通工具、公共场所和其他人员密集场所的经营单位或者管理单位应当制定具体应急预案，为交通工具和有关场所配备报警装置和必要的应急救援设备、设施，注明其使用方法，并显著标明安全撤离的通道、路线，保证安全通道、出口的畅通。

有关单位应当定期检测、维护其报警装置和应急救援设备、设施，使其处于良好状态，确保正常使用。

……

第二十七条 国务院有关部门、县级以上地方各级人民政府及其有关部门、有关单位应当为专业应急救援人员购买人身意外伤害保险，配备必要的防护装备和器材，减少应急救援人员的人身风险。

……

第二十九条 县级人民政府及其有关部门、乡级人民政府、街道办事处应当组织开展应急知识的宣传普及活动和必要的应急演练。

……

第三十一条 国务院和县级以上地方各级人民政府应当采取财政措施，保障突发事件应对工作所需经费。

第三十二条 国家建立健全应急物资储备保障制度，完善重要应急物资的监管、生产、储备、调拨和紧急配送体系。

设区的市级以上人民政府和突发事件易发、多发地区的县级人民政府应当建立应急救援物资、生活必需品和应急处置装备的储备制度。

县级以上地方各级人民政府应当根据本地区的实际情况，与有关企业签订协议，保障应急救援物资、生活必需品和应急处置装备的生产、供给。

第三十三条 国家建立健全应急通信保障体系，完善公用通信网，建立有线与无线相结合、基础电信网络与机动通信系统相配套的应急通信系统，确保突发事件应对工作的通信畅通。

第三十四条 国家鼓励公民、法人和其他组织为人民政府应对突发事件工作提供物资、资金、技术支持和捐赠。

第三十五条 国家发展保险事业，建立国家财政支持的巨灾风险保险体系，并鼓励单位和公民参加保险。

……

第三章 监测与预警

第三十七条 国务院建立全国统一的突发事件信息系统。

县级以上地方各级人民政府应当建立或者确定本地区统一的突发事件信息系统，汇集、储存、分析、传输有关突发事件的信息，并与上级人民政府及其有关部门、下级人民政府及其有关部门、专业机构和监测网点的突发事件信息系统实现互联互通，加强跨部门、跨地区的信息交流与情报合作。

第三十八条 县级以上人民政府及其有关部门、专业机构应当通过多种途径收集突发事件信息。

县级人民政府应当在居民委员会、村民委员会和有关单位建立专职或者兼职信息报告员制度。

获悉突发事件信息的公民、法人或者其他组织，应当立即向所在地人民政府、有关主管部门或者指定的专业机构报告。

第三十九条 地方各级人民政府应当按照国家有关规定向上级人民政府报送突发事件信息。县级以上人民政府有关主管部门应当向本级人民政府相关部门通报突发事件信息。专业机构、监测网点和信息报告员应当及时向所在地人民政府及其有关主管部门报告突发事件信息。

有关单位和人员报送、报告突发事件信息，应当做到及时、客观、真实，不得迟报、谎报、瞒报、漏报。

第四十条 县级以上地方各级人民政府应当及时汇总分析突发事件隐患和预警信息，必要时组织相关部门、专业技术人员、专家学者进行会商，对发生突发事件的可能性及其可能造成的影响进行评估；认为可能发生重大或者特别重大突发事件的，应当立即向上级人民政府报告，并向上级人民政府有关部门、当地驻军和可能受到危害的毗邻或者相关地区的人民政府通报。

第四十一条 国家建立健全突发事件监测制度。

县级以上人民政府及其有关部门应当根据自然灾害、事故灾难和公共卫生事件的种类和特点，建立健全基础信息数据库，完善监测网络，划分监测区域，确定监测点，明确监测项目，提供必要的设备、设施，配备专职或者兼职人员，对可能发生的突发事件进行监测。

第四十二条 国家建立健全突发事件预警制度。

可以预警的自然灾害、事故灾难和公共卫生事件的预警级别，按照突发事件发生的紧急程度、发展势态和可能造成的危害程度分为一级、二级、三级和四级，分别用红色、橙色、黄色和蓝色标示,一级为最高级别。

预警级别的划分标准由国务院或者国务院确定的部门制定。

……

第四十四条 发布三级、四级警报,宣布进入预警期后,县级以上地方各级人民政府应当根据即将发生的突发事件的特点和可能造成的危害,采取下列措施:

(一)启动应急预案;

(二)责令有关部门、专业机构、监测网点和负有特定职责的人员及时收集、报告有关信息,向社会公布反映突发事件信息的渠道,加强对突发事件发生、发展情况的监测、预报和预警工作;

(三)组织有关部门和机构、专业技术人员、有关专家学者,随时对突发事件信息进行分析评估,预测发生突发事件可能性的大小、影响范围和强度以及可能发生的突发事件的级别;

(四)定时向社会发布与公众有关的突发事件预测信息和分析评估结果,并对相关信息的报道工作进行管理;

(五)及时按照有关规定向社会发布可能受到突发事件危害的警告,宣传避免、减轻危害的常识,公布咨询电话。

第四十五条 发布一级、二级警报,宣布进入预警期后,县级以上地方各级人民政府除采取本法第四十四条规定的措施外,还应当针对即将发生的突发事件的特点和可能造成的危害,采取下列一项或者多项措施:

(一)责令应急救援队伍、负有特定职责的人员进入待命状态,并动员后备人员做好参加应急救援和处置工作的准备;

(二)调集应急救援所需物资、设备、工具,准备应急设施和避难场所,并确保其处于良好状态、随时可以投入正常使用;

(三)加强对重点单位、重要部位和重要基础设施的安全保卫,维护社会治安秩序;

(四)采取必要措施,确保交通、通信、供水、排水、供电、供气、供热等公共设施的安全和正常运行;

(五)及时向社会发布有关采取特定措施避免或者减轻危害的建议、劝告;

(六)转移、疏散或者撤离易受突发事件危害的人员并予以妥善安置,转移重要财产;

(七)关闭或者限制使用易受突发事件危害的场所,控制或者限制容易导致危害扩大的公共场所的活动;

(八)法律、法规、规章规定的其他必要的防范性、保护性措施。

第四十六条 对即将发生或者已经发生的社会安全事件,县级以上地方各级人民政府及其有关主管部门应当按照规定向上一级人民政府及其有关主管部门报告,必要时可以越级上报。

第四十七条 发布突发事件警报的人民政府应当根据事态的发展,按照有关规定适时调整预警级别并重新发布。

有事实证明不可能发生突发事件或者危险已经解除的,发布警报的人民政府应当立即宣布解除警报,终止预警期,并解除已经采取的有关措施。

第四章　应急处置与救援

第四十八条　突发事件发生后，履行统一领导职责或者组织处置突发事件的人民政府应当针对其性质、特点和危害程度，立即组织有关部门，调动应急救援队伍和社会力量，依照本章的规定和有关法律、法规、规章的规定采取应急处置措施。

第四十九条　自然灾害、事故灾难或者公共卫生事件发生后，履行统一领导职责的人民政府可以采取下列一项或者多项应急处置措施：

（一）组织营救和救治受害人员，疏散、撤离并妥善安置受到威胁的人员以及采取其他救助措施；

（二）迅速控制危险源，标明危险区域，封锁危险场所，划定警戒区，实行交通管制以及其他控制措施；

（三）立即抢修被损坏的交通、通信、供水、排水、供电、供气、供热等公共设施，向受到危害的人员提供避难场所和生活必需品，实施医疗救护和卫生防疫以及其他保障措施；

（四）禁止或者限制使用有关设备、设施，关闭或者限制使用有关场所，中止人员密集的活动或者可能导致危害扩大的生产经营活动以及采取其他保护措施；

（五）启用本级人民政府设置的财政预备费和储备的应急救援物资，必要时调用其他急需物资、设备、设施、工具；

（六）组织公民参加应急救援和处置工作，要求具有特定专长的人员提供服务；

（七）保障食品、饮用水、燃料等基本生活必需品的供应；

（八）依法从严惩处囤积居奇、哄抬物价、制假售假等扰乱市场秩序的行为，稳定市场价格，维护市场秩序；

（九）依法从严惩处哄抢财物、干扰破坏应急处置工作等扰乱社会秩序的行为，维护社会治安；

（十）采取防止发生次生、衍生事件的必要措施。

第五十条　社会安全事件发生后，组织处置工作的人民政府应当立即组织有关部门并由公安机关针对事件的性质和特点，依照有关法律、行政法规和国家其他有关规定，采取下列一项或者多项应急处置措施：

（一）强制隔离使用器械相互对抗或者以暴力行为参与冲突的当事人，妥善解决现场纠纷和争端，控制事态发展；

（二）对特定区域内的建筑物、交通工具、设备、设施以及燃料、燃气、电力、水的供应进行控制；

（三）封锁有关场所、道路，查验现场人员的身份证件，限制有关公共场所内的活动；

（四）加强对易受冲击的核心机关和单位的警卫，在国家机关、军事机关、国家通讯社、广播电台、电视台、外国驻华使领馆等单位附近设置临时警戒线；

（五）法律、行政法规和国务院规定的其他必要措施。严重危害社会治安秩序的事件发生时，公安机关应当立即依法出动警力，根据现场情况依法采取相应的强制性措施，尽快使社会秩序恢复正常。

第五十一条　发生突发事件，严重影响国民经济正常运行时，国务院或者国务院授权的有关主管部门可以采取保障、控制等必要的应急措施,保障人民群众的基本生活需要,最大限度地减轻突发事件的影响。

第五十二条 履行统一领导职责或者组织处置突发事件的人民政府,必要时可以向单位和个人征用应急救援所需设备、设施、场地、交通工具和其他物资,请求其他地方人民政府提供人力、物力、财力或者技术支援,要求生产、供应生活必需品和应急救援物资的企业组织生产、保证供给,要求提供医疗、交通等公共服务的组织提供相应的服务。

履行统一领导职责或者组织处置突发事件的人民政府,应当组织协调运输经营单位,优先运送处置突发事件所需物资、设备、工具、应急救援人员和受到突发事件危害的人员。

第五十三条 履行统一领导职责或者组织处置突发事件的人民政府,应当按照有关规定统一、准确、及时发布有关突发事件事态发展和应急处置工作的信息。

第五十四条 任何单位和个人不得编造、传播有关突发事件事态发展或者应急处置工作的虚假信息。

……

第五十六条 受到自然灾害危害或者发生事故灾难、公共卫生事件的单位,应当立即组织本单位应急救援队伍和工作人员营救受害人员,疏散、撤离、安置受到威胁的人员,控制危险源,标明危险区域,封锁危险场所,并采取其他防止危害扩大的必要措施,同时向所在地县级人民政府报告;对因本单位的问题引发的或者主体是本单位人员的社会安全事件,有关单位应当按照规定上报情况,并迅速派出负责人赶赴现场开展劝解、疏导工作。

突发事件发生地的其他单位应当服从人民政府发布的决定、命令,配合人民政府采取的应急处置措施,做好本单位的应急救援工作,并积极组织人员参加所在地的应急救援和处置工作。

第五十七条 突发事件发生地的公民应当服从人民政府、居民委员会、村民委员会或者所属单位的指挥和安排,配合人民政府采取的应急处置措施,积极参加应急救援工作,协助维护社会秩序。

第五章 事后恢复与重建

第五十八条 突发事件的威胁和危害得到控制或者消除后,履行统一领导职责或者组织处置突发事件的人民政府应当停止执行依照本法规定采取的应急处置措施,同时采取或者继续实施必要措施,防止发生自然灾害、事故灾难、公共卫生事件的次生、衍生事件或者重新引发社会安全事件。

第五十九条 突发事件应急处置工作结束后,履行统一领导职责的人民政府应当立即组织对突发事件造成的损失进行评估,组织受影响地区尽快恢复生产、生活、工作和社会秩序,制定恢复重建计划,并向上一级人民政府报告。

受突发事件影响地区的人民政府应当及时组织和协调公安、交通、铁路、民航、邮电、建设等有关部门恢复社会治安秩序,尽快修复被损坏的交通、通信、供水、排水、供电、供气、供热等公共设施。

第六十条 受突发事件影响地区的人民政府开展恢复重建工作需要上一级人民政府支持的,可以向上一级人民政府提出请求。上一级人民政府应当根据受影响地区遭受的损失和实际情况,提供资金、物资支持和技术指导,组织其他地区提供资金、物资和人力支援。

第六十一条 国务院根据受突发事件影响地区遭受损失的情况,制定扶持该地区有关行业发展的优惠政策。

受突发事件影响地区的人民政府应当根据本地区遭受损失的情况,制定救助、补偿、抚慰、抚恤、安置等善后工作计划并组织实施,妥善解决因处置突发事件引发的矛盾和纠纷。

……

第六十二条 履行统一领导职责的人民政府应当及时查明突发事件的发生经过和原因,总结突发事件应急处置工作的经验教训,制定改进措施,并向上一级人民政府提出报告。

第六章 法律责任

第六十三条 地方各级人民政府和县级以上各级人民政府有关部门违反本法规定,不履行法定职责的,由其上级行政机关或者监察机关责令改正;有下列情形之一的,根据情节对直接负责的主管人员和其他直接责任人员依法给予处分:

(一)未按规定采取预防措施,导致发生突发事件,或者未采取必要的防范措施,导致发生次生、衍生事件的;

(二)迟报、谎报、瞒报、漏报有关突发事件的信息,或者通报、报送、公布虚假信息,造成后果的;

(三)未按规定及时发布突发事件警报、采取预警期的措施,导致损害发生的;

(四)未按规定及时采取措施处置突发事件或者处置不当,造成后果的;

(五)不服从上级人民政府对突发事件应急处置工作的统一领导、指挥和协调的;

(六)未及时组织开展生产自救、恢复重建等善后工作的;

(七)截留、挪用、私分或者变相私分应急救援资金、物资的;

(八)不及时归还征用的单位和个人的财产,或者对被征用财产的单位和个人不按规定给予补偿的。

第六十四条 有关单位有下列情形之一的,由所在地履行统一领导职责的人民政府责令停产停业,暂扣或者吊销许可证或者营业执照,并处五万元以上二十万元以下的罚款;构成违反治安管理行为的,由公安机关依法给予处罚:

(一)未按规定采取预防措施,导致发生严重突发事件的;

(二)未及时消除已发现的可能引发突发事件的隐患,导致发生严重突发事件的;

(三)未做好应急设备、设施日常维护、检测工作,导致发生严重突发事件或者突发事件危害扩大的;

(四)突发事件发生后,不及时组织开展应急救援工作,造成严重后果的。

前款规定的行为,其他法律、行政法规规定由人民政府有关部门依法决定处罚的,从其规定。

第六十五条 违反本法规定,编造并传播有关突发事件事态发展或者应急处置工作的虚假信息,或者明知是有关突发事件事态发展或者应急处置工作的虚假信息而进行传播的,责令改正,给予警告;造成严重后果的,依法暂停其业务活动或者吊销其执业许可证;负有直接责任的人员是国家工作人员的,还应当对其依法给予处分;构成违反治安管理行为的,由公安机关依法给予处罚。

第六十六条 单位或者个人违反本法规定,不服从所在地人民政府及其有关部门发布的决定、命令或者不配合其依法采取的措施,构成违反治安管理行为的,由公安机关依法给予处罚。

第六十七条 单位或者个人违反本法规定,导致突发事件发生或者危害扩大,给他人人身、财产造成损害的,应当依法承担民事责任。

第六十八条 违反本法规定,构成犯罪的,依法追究刑事责任。

第七章　附　　则

第六十九条 发生特别重大突发事件,对人民生命财产安全、国家安全、公共安全、环境安全或者社会秩序构成重大威胁,采取本法和其他有关法律、法规、规章规定的应急处置措施不能消除或者有效控制、减轻其严重社会危害,需要进入紧急状态的,由全国人民代表大会常务委员会或者国务院依照宪法和其他有关法律规定的权限和程序决定。

紧急状态期间采取的非常措施,依照有关法律规定执行或者由全国人民代表大会常务委员会另行规定。

第七十条 本法自 2007 年 11 月 1 日起施行。

4.《中华人民共和国反恐怖主义法》(中华人民共和国主席令36号,自2016年1月1日起施行)(节选)

中华人民共和国反恐怖主义法

第一章 总 则

第一条 为了防范和惩治恐怖活动,加强反恐怖主义工作,维护国家安全、公共安全和人民生命财产安全,根据宪法,制定本法。

第二条 国家反对一切形式的恐怖主义,依法取缔恐怖活动组织,对任何组织、策划、准备实施、实施恐怖活动,宣扬恐怖主义,煽动实施恐怖活动,组织、领导、参加恐怖活动组织,为恐怖活动提供帮助的,依法追究法律责任。

国家不向任何恐怖活动组织和人员作出妥协,不向任何恐怖活动人员提供庇护或者给予难民地位。

第三条 本法所称恐怖主义,是指通过暴力、破坏、恐吓等手段,制造社会恐慌、危害公共安全、侵犯人身财产,或者胁迫国家机关、国际组织,以实现其政治、意识形态等目的的主张和行为。

本法所称恐怖活动,是指恐怖主义性质的下列行为:

(一)组织、策划、准备实施、实施造成或者意图造成人员伤亡、重大财产损失、公共设施损坏、社会秩序混乱等严重社会危害的活动的;

(二)宣扬恐怖主义,煽动实施恐怖活动,或者非法持有宣扬恐怖主义的物品,强制他人在公共场所穿戴宣扬恐怖主义的服饰、标志的;

(三)组织、领导、参加恐怖活动组织的;

(四)为恐怖活动组织、恐怖活动人员、实施恐怖活动或者恐怖活动培训提供信息、资金、物资、劳务、技术、场所等支持、协助、便利的;

(五)其他恐怖活动。

本法所称恐怖活动组织,是指三人以上为实施恐怖活动而组成的犯罪组织。

本法所称恐怖活动人员,是指实施恐怖活动的人和恐怖活动组织的成员。

本法所称恐怖事件,是指正在发生或者已经发生的造成或者可能造成重大社会危害的恐怖活动。

第四条 国家将反恐怖主义纳入国家安全战略,综合施策,标本兼治,加强反恐怖主义的能力建设,运用政治、经济、法律、文化、教育、外交、军事等手段,开展反恐怖主义工作。

国家反对一切形式的以歪曲宗教教义或者其他方法煽动仇恨、煽动歧视、鼓吹暴力等极端主义,消除恐怖主义的思想基础。

第五条 反恐怖主义工作坚持专门工作与群众路线相结合，防范为主、惩防结合和先发制敌、保持主动的原则。

第六条 反恐怖主义工作应当依法进行，尊重和保障人权，维护公民和组织的合法权益。

在反恐怖主义工作中，应当尊重公民的宗教信仰自由和民族风俗习惯，禁止任何基于地域、民族、宗教等理由的歧视性做法。

第七条 国家设立反恐怖主义工作领导机构，统一领导和指挥全国反恐怖主义工作。

设区的市级以上地方人民政府设立反恐怖主义工作领导机构，县级人民政府根据需要设立反恐怖主义工作领导机构，在上级反恐怖主义工作领导机构的领导和指挥下，负责本地区反恐怖主义工作。

……

第九条 任何单位和个人都有协助、配合有关部门开展反恐怖主义工作的义务，发现恐怖活动嫌疑或者恐怖活动嫌疑人员的，应当及时向公安机关或者有关部门报告。

第十条 对举报恐怖活动或者协助防范、制止恐怖活动有突出贡献的单位和个人，以及在反恐怖主义工作中作出其他突出贡献的单位和个人，按照国家有关规定给予表彰、奖励。

第十一条 对在中华人民共和国领域外对中华人民共和国国家、公民或者机构实施的恐怖活动犯罪，或者实施的中华人民共和国缔结、参加的国际条约所规定的恐怖活动犯罪，中华人民共和国行使刑事管辖权，依法追究刑事责任。

第二章 恐怖活动组织和人员的认定

第十二条 国家反恐怖主义工作领导机构根据本法第三条的规定，认定恐怖活动组织和人员，由国家反恐怖主义工作领导机构的办事机构予以公告。

第十三条 国务院公安部门、国家安全部门、外交部门和省级反恐怖主义工作领导机构对于需要认定恐怖活动组织和人员的，应当向国家反恐怖主义工作领导机构提出申请。

……

第十五条 被认定的恐怖活动组织和人员对认定不服的，可以通过国家反恐怖主义工作领导机构的办事机构申请复核。国家反恐怖主义工作领导机构应当及时进行复核，作出维持或者撤销认定的决定。复核决定为最终决定。

国家反恐怖主义工作领导机构作出撤销认定的决定的，由国家反恐怖主义工作领导机构的办事机构予以公告；资金、资产已被冻结的，应当解除冻结。

第十六条 根据刑事诉讼法的规定，有管辖权的中级以上人民法院在审判刑事案件的过程中，可以依法认定恐怖活动组织和人员。对于在判决生效后需要由国家反恐怖主义工作领导机构的办事机构予以公告的，适用本章的有关规定。

第三章 安 全 防 范

……

第二十三条 发生枪支等武器、弹药、危险化学品、民用爆炸物品、核与放射物品、传染病病原体等物质被盗、被抢、丢失或者其他流失的情形，案发单位应当立即采取必要的控制措施,并立即向公安机关报告,同时依照规定向有关主管部门报告。公安机关接到报告后,应当及时开展调查。有关主管部门应当配合公安机关开展工作。

任何单位和个人不得非法制作、生产、储存、运输、进出口、销售、提供、购买、使用、持有、报废、销毁前款规定的物品。公安机关发现的,应当予以扣押;其他主管部门发现的,应当予以扣押,并立即通报公安机关;其他单位、个人发现的,应当立即向公安机关报告。

……

第二十八条 公安机关和有关部门对宣扬极端主义,利用极端主义危害公共安全、扰乱公共秩序、侵犯人身财产、妨害社会管理的,应当及时予以制止,依法追究法律责任。

公安机关发现极端主义活动的,应当责令立即停止,将有关人员强行带离现场并登记身份信息,对有关物品、资料予以收缴,对非法活动场所予以查封。

任何单位和个人发现宣扬极端主义的物品、资料、信息的,应当立即向公安机关报告。

第二十九条 对被教唆、胁迫、引诱参与恐怖活动、极端主义活动,或者参与恐怖活动、极端主义活动情节轻微,尚不构成犯罪的人员,公安机关应当组织有关部门、村民委员会、居民委员会、所在单位、就读学校、家庭和监护人对其进行帮教。

……

第三十一条 公安机关应当会同有关部门,将遭受恐怖袭击的可能性较大以及遭受恐怖袭击可能造成重大的人身伤亡、财产损失或者社会影响的单位、场所、活动、设施等确定为防范恐怖袭击的重点目标,报本级反恐怖主义工作领导机构备案。

第三十二条 重点目标的管理单位应当履行下列职责:

(一)制定防范和应对处置恐怖活动的预案、措施,定期进行培训和演练;

(二)建立反恐怖主义工作专项经费保障制度,配备、更新防范和处置设备、设施;

(三)指定相关机构或者落实责任人员,明确岗位职责;

(四)实行风险评估,实时监测安全威胁,完善内部安全管理;

(五)定期向公安机关和有关部门报告防范措施落实情况。

重点目标的管理单位应当根据城乡规划、相关标准和实际需要,对重点目标同步设计、同步建设、同步运行符合本法第二十七条规定的技防、物防设备、设施。

重点目标的管理单位应当建立公共安全视频图像信息系统值班监看、信息保存使用、运行维护等管理制度,保障相关系统正常运行。采集的视频图像信息保存期限不得少于九十日。

对重点目标以外的涉及公共安全的其他单位、场所、活动、设施,其主管部门和管理单位应当依照法律、行政法规规定,建立健全安全管理制度,落实安全责任。

第三十三条 重点目标的管理单位应当对重要岗位人员进行安全背景审查。对有不适合情形的人员,应当调整工作岗位,并将有关情况通报公安机关。

……

第四章 情报信息

……

第四十五条 公安机关、国家安全机关、军事机关在其职责范围内,因反恐怖主义情报信息工作的需要，根据国家有关规定，经过严格的批准手续，可以采取技术侦察措施。

依照前款规定获取的材料，只能用于反恐怖主义应对处置和对恐怖活动犯罪、极端主义犯罪的侦查、起诉和审判，不得用于其他用途。

第四十六条 有关部门对于在本法第三章规定的安全防范工作中获取的信息，应当根据国家反恐怖主义情报中心的要求，及时提供。

第四十七条 国家反恐怖主义情报中心、地方反恐怖主义工作领导机构以及公安机关等有关部门应当对有关情报信息进行筛查、研判、核查、监控，认为有发生恐怖事件危险，需要采取相应的安全防范、应对处置措施的，应当及时通报有关部门和单位，并可以根据情况发出预警。有关部门和单位应当根据通报做好安全防范、应对处置工作。

第四十八条 反恐怖主义工作领导机构、有关部门和单位、个人应当对履行反恐怖主义工作职责、义务过程中知悉的国家秘密、商业秘密和个人隐私予以保密。

违反规定泄露国家秘密、商业秘密和个人隐私的，依法追究法律责任。

第五章 调 查

……

第五十一条 公安机关调查恐怖活动嫌疑，有权向有关单位和个人收集、调取相关信息和材料。有关单位和个人应当如实提供。

……

第五十三条 公安机关调查恐怖活动嫌疑，经县级以上公安机关负责人批准，可以根据其危险程度，责令恐怖活动嫌疑人员遵守下列一项或者多项约束措施：

（一）未经公安机关批准不得离开所居住的市、县或者指定的处所；

（二）不得参加大型群众性活动或者从事特定的活动；

（三）未经公安机关批准不得乘坐公共交通工具或者进入特定的场所；

（四）不得与特定的人员会见或者通信；

（五）定期向公安机关报告活动情况；

（六）将护照等出入境证件、身份证件、驾驶证件交公安机关保存。

公安机关可以采取电子监控、不定期检查等方式对其遵守约束措施的情况进行监督。

采取前两款规定的约束措施的期限不得超过三个月。对不需要继续采取约束措施的，应当及时解除。

……

第六章 应对处置

第五十五条 国家建立健全恐怖事件应对处置预案体系。

国家反恐怖主义工作领导机构应当针对恐怖事件的规律、特点和可能造成的社会危害，分级、分类制定国家应对处置预案，具体规定恐怖事件应对处置的组织指挥体系和恐怖事件安全防范、应对处置程序以及事后社会秩序恢复等内容。

有关部门、地方反恐怖主义工作领导机构应当制定相应的应对处置预案。

第五十六条 应对处置恐怖事件，各级反恐怖主义工作领导机构应当成立由有关部门参加的指挥机构,实行指挥长负责制。反恐怖主义工作领导机构负责人可以担任指挥长,也可以确定公安机关负责人或者反恐怖主义工作领导机构的其他成员单位负责人担任指挥长。

跨省、自治区、直辖市发生的恐怖事件或者特别重大恐怖事件的应对处置,由国家反恐怖主义工作领导机构负责指挥;在省、自治区、直辖市范围内发生的涉及多个行政区域的恐怖事件或者重大恐怖事件的应对处置,由省级反恐怖主义工作领导机构负责指挥。

第五十七条 恐怖事件发生后,发生地反恐怖主义工作领导机构应当立即启动恐怖事件应对处置预案,确定指挥长。有关部门和中国人民解放军、中国人民武装警察部队、民兵组织,按照反恐怖主义工作领导机构和指挥长的统一领导、指挥,协同开展打击、控制、救援、救护等现场应对处置工作。

上级反恐怖主义工作领导机构可以对应对处置工作进行指导,必要时调动有关反恐怖主义力量进行支援。

需要进入紧急状态的,由全国人民代表大会常务委员会或者国务院依照宪法和其他有关法律规定的权限和程序决定。

……

第六十一条 恐怖事件发生后,负责应对处置的反恐怖主义工作领导机构可以决定由有关部门和单位采取下列一项或者多项应对处置措施:

(一)组织营救和救治受害人员,疏散、撤离并妥善安置受到威胁的人员以及采取其他救助措施;

(二)封锁现场和周边道路,查验现场人员的身份证件,在有关场所附近设置临时警戒线;

(三)在特定区域内实施空域、海(水)域管制,对特定区域内的交通运输工具进行检查;

(四)在特定区域内实施互联网、无线电、通讯管制;

(五)在特定区域内或者针对特定人员实施出境入境管制;

(六)禁止或者限制使用有关设备、设施,关闭或者限制使用有关场所,中止人员密集的活动或者可能导致危害扩大的生产经营活动;

(七)抢修被损坏的交通、电信、互联网、广播电视、供水、排水、供电、供气、供热等公共设施;

(八)组织志愿人员参加反恐怖主义救援工作,要求具有特定专长的人员提供服务;

(九)其他必要的应对处置措施。

采取前款第三项至第五项规定的应对处置措施,由省级以上反恐怖主义工作领导机构决定或者批准;采取前款第六项规定的应对处置措施,由设区的市级以上反恐怖主义工作领导机构决定。应对处置措施应当明确适用的时间和空间范围,并向社会公布。

……

第六十三条 恐怖事件发生、发展和应对处置信息,由恐怖事件发生地的省级反恐怖主义工作领导机构统一发布;跨省、自治区、直辖市发生的恐怖事件,由指定的省级反恐怖主义工作领导机构统一发布。

任何单位和个人不得编造、传播虚假恐怖事件信息;不得报道、传播可能引起模仿的恐怖活动的实施细节;不得发布恐怖事件中残忍、不人道的场景;在恐怖事件的应对处置过程中,除新闻媒体经负责发布信息的反恐怖主义工作领导机构批准外,不得报道、传播现场应对处置的工作人员、人质身份信息和应对处置行动情况。

……

第七章　国际合作(略)

第八章　保障措施

……

第七十五条　对因履行反恐怖主义工作职责或者协助、配合有关部门开展反恐怖主义工作导致伤残或者死亡的人员,按照国家有关规定给予相应的待遇。

……

第七十七条　国家鼓励、支持反恐怖主义科学研究和技术创新,开发和推广使用先进的反恐怖主义技术、设备。

第七十八条　公安机关、国家安全机关、中国人民解放军、中国人民武装警察部队因履行反恐怖主义职责的紧急需要,根据国家有关规定,可以征用单位和个人的财产。任务完成后应当及时归还或者恢复原状,并依照规定支付相应费用;造成损失的,应当补偿。

因开展反恐怖主义工作对有关单位和个人的合法权益造成损害的,应当依法给予赔偿、补偿。有关单位和个人有权依法请求赔偿、补偿。

第九章　法律责任

第七十九条　组织、策划、准备实施、实施恐怖活动,宣扬恐怖主义,煽动实施恐怖活动,非法持有宣扬恐怖主义的物品,强制他人在公共场所穿戴宣扬恐怖主义的服饰、标志,组织、领导、参加恐怖活动组织,为恐怖活动组织、恐怖活动人员、实施恐怖活动或者恐怖活动培训提供帮助的,依法追究刑事责任。

第八十条　参与下列活动之一,情节轻微,尚不构成犯罪的,由公安机关处十日以上十五日以下拘留,可以并处一万元以下罚款:

(一)宣扬恐怖主义、极端主义或者煽动实施恐怖活动、极端主义活动的;

(二)制作、传播、非法持有宣扬恐怖主义、极端主义的物品的;

(三)强制他人在公共场所穿戴宣扬恐怖主义、极端主义的服饰、标志的;

(四)为宣扬恐怖主义、极端主义或者实施恐怖主义、极端主义活动提供信息、资金、物资、劳务、技术、场所等支持、协助、便利的。

第八十一条　利用极端主义,实施下列行为之一,情节轻微,尚不构成犯罪的,由公安机关处五日以上十五日以下拘留,可以并处一万元以下罚款:

(一)强迫他人参加宗教活动,或者强迫他人向宗教活动场所、宗教教职人员提供财物或者劳务的;

(二)以恐吓、骚扰等方式驱赶其他民族或者有其他信仰的人员离开居住地的;

(三)以恐吓、骚扰等方式干涉他人与其他民族或者有其他信仰的人员交往、共同生活的；

（四）以恐吓、骚扰等方式干涉他人生活习俗、方式和生产经营的；

（五）阻碍国家机关工作人员依法执行职务的；

（六）歪曲、诋毁国家政策、法律、行政法规，煽动、教唆抵制人民政府依法管理的；

（七）煽动、胁迫群众损毁或者故意损毁居民身份证、户口簿等国家法定证件以及人民币的；

（八）煽动、胁迫他人以宗教仪式取代结婚、离婚登记的；

（九）煽动、胁迫未成年人不接受义务教育的；

（十）其他利用极端主义破坏国家法律制度实施的。

第八十二条 明知他人有恐怖活动犯罪、极端主义犯罪行为，窝藏、包庇，情节轻微，尚不构成犯罪的，或者在司法机关向其调查有关情况、收集有关证据时，拒绝提供的，由公安机关处十日以上十五日以下拘留，可以并处一万元以下罚款。

……

第九十一条 拒不配合有关部门开展反恐怖主义安全防范、情报信息、调查、应对处置工作的，由主管部门处二千元以下罚款；造成严重后果的，处五日以上十五日以下拘留，可以并处一万元以下罚款。

单位有前款规定行为的，由主管部门处五万元以下罚款；造成严重后果的，处十万元以下罚款；并对其直接负责的主管人员和其他直接责任人员依照前款规定处罚。

第九十二条 阻碍有关部门开展反恐怖主义工作的，由公安机关处五日以上十五日以下拘留，可以并处五万元以下罚款。

单位有前款规定行为的，由公安机关处二十万元以下罚款，并对其直接负责的主管人员和其他直接责任人员依照前款规定处罚。

阻碍人民警察、人民解放军、人民武装警察依法执行职务的，从重处罚。

第九十三条 单位违反本法规定，情节严重的，由主管部门责令停止从事相关业务、提供相关服务或者责令停产停业；造成严重后果的，吊销有关证照或者撤销登记。

……

第九十五条 对依照本法规定查封、扣押、冻结、扣留、收缴的物品、资金等，经审查发现与恐怖主义无关的，应当及时解除有关措施，予以退还。

第九十六条 有关单位和个人对依照本法作出的行政处罚和行政强制措施决定不服的，可以依法申请行政复议或者提起行政诉讼。

第十章 附 则

第九十七条 本法自 2016 年 1 月 1 日起施行。2011 年 10 月 29 日第十一届全国人民代表大会常务委员会第二十三次会议通过的《全国人民代表大会常务委员会关于加强反恐怖工作有关问题的决定》同时废止。

5.《中华人民共和国道路交通安全法实施条例》(中华人民共和国国务院令第405号,自2004年4月30日起施行)(节选)

中华人民共和国道路交通安全法实施条例

第一章 总 则

……

第二条 中华人民共和国境内的车辆驾驶人、行人、乘车人以及与道路交通活动有关的单位和个人,应当遵守道路交通安全法和本条例。

……

第二章 车辆和驾驶人

第一节 机 动 车

第四条 机动车的登记,分为注册登记、变更登记、转移登记、抵押登记和注销登记。

第五条 初次申领机动车号牌、行驶证的,应当向机动车所有人住所地的公安机关交通管理部门申请注册登记。申请机动车注册登记,应当交验机动车,并提交以下证明、凭证:

(一)机动车所有人的身份证明;

(二)购车发票等机动车来历证明;

(三)机动车整车出厂合格证明或者进口机动车进口凭证;

(四)车辆购置税完税证明或者免税凭证;

(五)机动车第三者责任强制保险凭证;

(六)法律、行政法规规定应当在机动车注册登记时提交的其他证明、凭证。

不属于国务院机动车产品主管部门规定免予安全技术检验的车型的,还应当提供机动车安全技术检验合格证明。

第六条 已注册登记的机动车有下列情形之一的,机动车所有人应当向登记该机动车的公安机关交通管理部门申请变更登记:

(一)改变机动车车身颜色的;

(二)更换发动机的;

(三)更换车身或者车架的;

(四)因质量有问题,制造厂更换整车的;

(五)营运机动车改为非营运机动车或者非营运机动车改为营运机动车的;

(六)机动车所有人的住所迁出或者迁入公安机关交通管理部门管辖区域的。

申请机动车变更登记，应当提交下列证明、凭证，属于前款第（一）项、第（二）项、第（三）项、第（四）项、第（五）项情形之一的，还应当交验机动车；属于前款第（二）项、第（三）项情形之一的，还应当同时提交机动车安全技术检验合格证明：

（一）机动车所有人的身份证明；

（二）机动车登记证书；

（三）机动车行驶证。

机动车所有人的住所在公安机关交通管理部门管辖区域内迁移、机动车所有人的姓名（单位名称）或者联系方式变更的，应当向登记该机动车的公安机关交通管理部门备案。

第七条 已注册登记的机动车所有权发生转移的，应当及时办理转移登记。

申请机动车转移登记，当事人应当向登记该机动车的公安机关交通管理部门交验机动车，并提交以下证明、凭证：

（一）当事人的身份证明；

（二）机动车所有权转移的证明、凭证；

（三）机动车登记证书；

（四）机动车行驶证。

第八条 机动车所有人将机动车作为抵押物抵押的，机动车所有人应当向登记该机动车的公安机关交通管理部门申请抵押登记。

第九条 已注册登记的机动车达到国家规定的强制报废标准的，公安机关交通管理部门应当在报废期满的 2 个月前通知机动车所有人办理注销登记。机动车所有人应当在报废期满前将机动车交售给机动车回收企业，由机动车回收企业将报废的机动车登记证书、号牌、行驶证交公安机关交通管理部门注销。机动车所有人逾期不办理注销登记的，公安机关交通管理部门应当公告该机动车登记证书、号牌、行驶证作废。

因机动车灭失申请注销登记的，机动车所有人应当向公安机关交通管理部门提交本人身份证明，交回机动车登记证书。

第十条 办理机动车登记的申请人提交的证明、凭证齐全、有效的，公安机关交通管理部门应当当场办理登记手续。

人民法院、人民检察院以及行政执法部门依法查封、扣押的机动车，公安机关交通管理部门不予办理机动车登记。

第十一条 机动车登记证书、号牌、行驶证丢失或者损毁，机动车所有人申请补发的，应当向公安机关交通管理部门提交本人身份证明和申请材料。公安机关交通管理部门经与机动车登记档案核实后，在收到申请之日起 15 日内补发。

第十二条 税务部门、保险机构可以在公安机关交通管理部门的办公场所集中办理与机动车有关的税费缴纳、保险合同订立等事项。

第十三条 机动车号牌应当悬挂在车前、车后指定位置，保持清晰、完整。重型、中型载货汽车及其挂车、拖拉机及其挂车的车身或者车厢后部应当喷涂放大的牌号，字样应当端正并保持清晰。

机动车检验合格标志、保险标志应当粘贴在机动车前窗右上角。

机动车喷涂、粘贴标识或者车身广告的，不得影响安全驾驶。

……

第十五条 机动车安全技术检验由机动车安全技术检验机构实施。机动车安全技术检验机构应当按照国家机动车安全技术检验标准对机动车进行检验，对检验结果承担法律责任。

质量技术监督部门负责对机动车安全技术检验机构实行资格管理和计量认证管理，对机动车安全技术检验设备进行检定，对执行国家机动车安全技术检验标准的情况进行监督。

机动车安全技术检验项目由国务院公安部门会同国务院质量技术监督部门规定。

第十六条 机动车应当从注册登记之日起，按照下列期限进行安全技术检验：

（一）营运载客汽车5年以内每年检验1次；超过5年的，每6个月检验1次；

……

营运机动车在规定检验期限内经安全技术检验合格的，不再重复进行安全技术检验。

第十七条 已注册登记的机动车进行安全技术检验时，机动车行驶证记载的登记内容与该机动车的有关情况不符，或者未按照规定提供机动车第三者责任强制保险凭证的，不予通过检验。

……

第二节 机动车驾驶人

第十九条 符合国务院公安部门规定的驾驶许可条件的人，可以向公安机关交通管理部门申请机动车驾驶证。

机动车驾驶证由国务院公安部门规定式样并监制。

第二十条 学习机动车驾驶，应当先学习道路交通安全法律、法规和相关知识，考试合格后，再学习机动车驾驶技能。

在道路上学习驾驶，应当按照公安机关交通管理部门指定的路线、时间进行。在道路上学习机动车驾驶技能应当使用教练车，在教练员随车指导下进行，与教学无关的人员不得乘坐教练车。学员在学习驾驶中有道路交通安全违法行为或者造成交通事故的，由教练员承担责任。

第二十一条 公安机关交通管理部门应当对申请机动车驾驶证的人进行考试，对考试合格的，在5日内核发机动车驾驶证；对考试不合格的，书面说明理由。

第二十二条 机动车驾驶证的有效期为6年，本条例另有规定的除外。

机动车驾驶人初次申领机动车驾驶证后的12个月为实习期。在实习期内驾驶机动车的，应当在车身后部粘贴或者悬挂统一式样的实习标志。

机动车驾驶人在实习期内不得驾驶公共汽车、营运客车或者执行任务的警车、消防车、救护车、工程救险车以及载有爆炸物品、易燃易爆化学物品、剧毒或者放射性等危险物品的机动车；驾驶的机动车不得牵引挂车。

第二十三条 公安机关交通管理部门对机动车驾驶人的道路交通安全违法行为除给予行政处罚外，实行道路交通安全违法行为累积记分（以下简称记分）制度，记分周期为12个月。对在一个记分周期内记分达到12分的，由公安机关交通管理部门扣留其机动车驾驶证，该机动车驾驶人应当按照规定参加道路交通安全法律、法规的学习并接受考试。考试合格的，记分予以清除，发还机动车驾驶证；考试不合格的，继续参加学习和考试。

应当给予记分的道路交通安全违法行为及其分值，由国务院公安部门根据道路交通安全违法行为的危害程度规定。

公安机关交通管理部门应当提供记分查询方式供机动车驾驶人查询。

第二十四条 机动车驾驶人在一个记分周期内记分未达到12分，所处罚款已经缴纳的，记分予以清除；记分虽未达到12分，但尚有罚款未缴纳的，记分转入下一记分周期。

机动车驾驶人在一个记分周期内记分2次以上达到12分的，除按照第二十三条的规定扣留机动车驾驶证、参加学习、接受考试外，还应当接受驾驶技能考试。考试合格的，记分予以清除，发还机动车驾驶证；考试不合格的，继续参加学习和考试。

接受驾驶技能考试的，按照本人机动车驾驶证载明的最高准驾车型考试。

第二十五条 机动车驾驶人记分达到12分，拒不参加公安机关交通管理部门通知的学习，也不接受考试的，由公安机关交通管理部门公告其机动车驾驶证停止使用。

第二十六条 机动车驾驶人在机动车驾驶证的6年有效期内，每个记分周期均未达到12分的，换发10年有效期的机动车驾驶证；在机动车驾驶证的10年有效期内，每个记分周期均未达到12分的，换发长期有效的机动车驾驶证。

换发机动车驾驶证时，公安机关交通管理部门应当对机动车驾驶证进行审验。

第二十七条 机动车驾驶证丢失、损毁，机动车驾驶人申请补发的，应当向公安机关交通管理部门提交本人身份证明和申请材料。公安机关交通管理部门经与机动车驾驶证档案核实后，在收到申请之日起3日内补发。

第二十八条 机动车驾驶人在机动车驾驶证丢失、损毁、超过有效期或者被依法扣留、暂扣期间以及记分达到12分的，不得驾驶机动车。

第三章 道路通行条件

第二十九条 交通信号灯分为：机动车信号灯、非机动车信号灯、人行横道信号灯、车道信号灯、方向指示信号灯、闪光警告信号灯、道路与铁路平面交叉道口信号灯。

第三十条 交通标志分为：指示标志、警告标志、禁令标志、指路标志、旅游区标志、道路施工安全标志和辅助标志。

道路交通标线分为：指示标线、警告标线、禁止标线。

……

第四章 道路通行规定

第一节 一般规定

第三十八条 机动车信号灯和非机动车信号灯表示：

（一）绿灯亮时，准许车辆通行，但转弯的车辆不得妨碍被放行的直行车辆、行人通行；

（二）黄灯亮时，已越过停止线的车辆可以继续通行；

（三）红灯亮时，禁止车辆通行。

在未设置非机动车信号灯和人行横道信号灯的路口，非机动车和行人应当按照机动车信号灯的表示通行。

红灯亮时，右转弯的车辆在不妨碍被放行的车辆、行人通行的情况下，可以通行。

第三十九条 人行横道信号灯表示：

（一）绿灯亮时，准许行人通过人行横道；

（二）红灯亮时，禁止行人进入人行横道，但是已经进入人行横道的，可以继续通过或者在道路中心线处停留等候。

第四十条 车道信号灯表示：

（一）绿色箭头灯亮时，准许本车道车辆按指示方向通行；

（二）红色叉形灯或者箭头灯亮时，禁止本车道车辆通行。

第四十一条 方向指示信号灯的箭头方向向左、向上、向右分别表示左转、直行、右转。

第四十二条 闪光警告信号灯为持续闪烁的黄灯，提示车辆、行人通行时注意瞭望，确认安全后通过。

第四十三条 道路与铁路平面交叉道口有两个红灯交替闪烁或者一个红灯亮时，表示禁止车辆、行人通行；红灯熄灭时，表示允许车辆、行人通行。

第二节 机动车通行规定

第四十四条 在道路同方向划有 2 条以上机动车道的，左侧为快速车道，右侧为慢速车道。在快速车道行驶的机动车应当按照快速车道规定的速度行驶，未达到快速车道规定的行驶速度的，应当在慢速车道行驶。摩托车应当在最右侧车道行驶。有交通标志标明行驶速度的，按照标明的行驶速度行驶。慢速车道内的机动车超越前车时，可以借用快速车道行驶。

在道路同方向划有 2 条以上机动车道的，变更车道的机动车不得影响相关车道内行驶的机动车的正常行驶。

第四十五条 机动车在道路上行驶不得超过限速标志、标线标明的速度。在没有限速标志、标线的道路上，机动车不得超过下列最高行驶速度：

（一）没有道路中心线的道路，城市道路为每小时 30 公里，公路为每小时 40 公里；

（二）同方向只有 1 条机动车道的道路，城市道路为每小时 50 公里，公路为每小时 70 公里。

第四十六条 机动车行驶中遇有下列情形之一的，最高行驶速度不得超过每小时 30 公里，其中拖拉机、电瓶车、轮式专用机械车不得超过每小时 15 公里：

（一）进出非机动车道，通过铁路道口、急弯路、窄路、窄桥时；

（二）掉头、转弯、下陡坡时；

（三）遇雾、雨、雪、沙尘、冰雹，能见度在 50 米以内时；

（四）在冰雪、泥泞的道路上行驶时；

（五）牵引发生故障的机动车时。

第四十七条 机动车超车时，应当提前开启左转向灯、变换使用远、近光灯或者鸣喇叭。在没有道路中心线或者同方向只有 1 条机动车道的道路上，前车遇后车发出超车信号时，在条件许可的情况下，应当降低速度、靠右让路。后车应当在确认有充足的安全距离后，从前车的左侧超越，在与被超车辆拉开必要的安全距离后，开启右转向灯，驶回原车道。

第四十八条 在没有中心隔离设施或者没有中心线的道路上，机动车遇相对方向来车时应当遵守下列规定：

(一)减速靠右行驶,并与其他车辆、行人保持必要的安全距离;

(二)在有障碍的路段,无障碍的一方先行;但有障碍的一方已驶入障碍路段而无障碍的一方未驶入时,有障碍的一方先行;

(三)在狭窄的坡路,上坡的一方先行;但下坡的一方已行至中途而上坡的一方未上坡时,下坡的一方先行;

(四)在狭窄的山路,不靠山体的一方先行;

(五)夜间会车应当在距相对方向来车150米以外改用近光灯,在窄路、窄桥与非机动车会车时应当使用近光灯。

第四十九条 机动车在有禁止掉头或者禁止左转弯标志、标线的地点以及在铁路道口、人行横道、桥梁、急弯、陡坡、隧道或者容易发生危险的路段,不得掉头。

机动车在没有禁止掉头或者没有禁止左转弯标志、标线的地点可以掉头,但不得妨碍正常行驶的其他车辆和行人的通行。

第五十条 机动车倒车时,应当察明车后情况,确认安全后倒车。不得在铁路道口、交叉路口、单行路、桥梁、急弯、陡坡或者隧道中倒车。

第五十一条 机动车通过有交通信号灯控制的交叉路口,应当按照下列规定通行:

(一)在划有导向车道的路口,按所需行进方向驶入导向车道;

(二)准备进入环形路口的让已在路口内的机动车先行;

(三)向左转弯时,靠路口中心点左侧转弯。转弯时开启转向灯,夜间行驶开启近光灯;

(四)遇放行信号时,依次通过;

(五)遇停止信号时,依次停在停止线以外。没有停止线的,停在路口以外;

(六)向右转弯遇有同车道前车正在等候放行信号时,依次停车等候;

(七)在没有方向指示信号灯的交叉路口,转弯的机动车让直行的车辆、行人先行。相对方向行驶的右转弯机动车让左转弯车辆先行。

第五十二条 机动车通过没有交通信号灯控制也没有交通警察指挥的交叉路口,除应当遵守第五十一条第(二)项、第(三)项的规定外,还应当遵守下列规定:

(一)有交通标志、标线控制的,让优先通行的一方先行;

(二)没有交通标志、标线控制的,在进入路口前停车瞭望,让右方道路的来车先行;

(三)转弯的机动车让直行的车辆先行;

(四)相对方向行驶的右转弯的机动车让左转弯的车辆先行。

第五十三条 机动车遇有前方交叉路口交通阻塞时,应当依次停在路口以外等候,不得进入路口。

机动车在遇有前方机动车停车排队等候或者缓慢行驶时,应当依次排队,不得从前方车辆两侧穿插或者超越行驶,不得在人行横道、网状线区域内停车等候。

机动车在车道减少的路口、路段,遇有前方机动车停车排队等候或者缓慢行驶的,应当每车道一辆依次交替驶入车道减少后的路口、路段。

第五十四条 机动车载物不得超过机动车行驶证上核定的载质量,装载长度、宽度不得超出车厢,并应当遵守下列规定:

……

载客汽车除车身外部的行李架和内置的行李箱外，不得载货。载客汽车行李架载货，从车顶起高度不得超过0.5米，从地面起高度不得超过4米。

第五十五条 机动车载人应当遵守下列规定：

（一）公路载客汽车不得超过核定的载客人数，但按照规定免票的儿童除外，在载客人数已满的情况下，按照规定免票的儿童不得超过核定载客人数的10%；

……

第五十七条 机动车应当按照下列规定使用转向灯：

（一）向左转弯、向左变更车道、准备超车、驶离停车地点或者掉头时，应当提前开启左转向灯；

（二）向右转弯、向右变更车道、超车完毕驶回原车道、靠路边停车时，应当提前开启右转向灯。

第五十八条 机动车在夜间没有路灯、照明不良或者遇有雾、雨、雪、沙尘、冰雹等低能见度情况下行驶时，应当开启前照灯、示廓灯和后位灯，但同方向行驶的后车与前车近距离行驶时，不得使用远光灯。机动车雾天行驶应当开启雾灯和危险报警闪光灯。

第五十九条 机动车在夜间通过急弯、坡路、拱桥、人行横道或者没有交通信号灯控制的路口时，应当交替使用远近光灯示意。

机动车驶近急弯、坡道顶端等影响安全视距的路段以及超车或者遇有紧急情况时，应当减速慢行，并鸣喇叭示意。

第六十条 机动车在道路上发生故障或者发生交通事故，妨碍交通又难以移动的，应当按照规定开启危险报警闪光灯并在车后50米至100米处设置警告标志，夜间还应当同时开启示廓灯和后位灯。

……

第六十二条 驾驶机动车不得有下列行为：

（一）在车门、车厢没有关好时行车；

（二）在机动车驾驶室的前后窗范围内悬挂、放置妨碍驾驶人视线的物品；

（三）拨打接听手持电话、观看电视等妨碍安全驾驶的行为；

（四）下陡坡时熄火或者空挡滑行；

（五）向道路上抛撒物品；

（六）驾驶摩托车手离车把或者在车把上悬挂物品；

（七）连续驾驶机动车超过4小时未停车休息或者停车休息时间少于20分钟；

（八）在禁止鸣喇叭的区域或者路段鸣喇叭。

第六十三条 机动车在道路上临时停车，应当遵守下列规定：

（一）在设有禁停标志、标线的路段，在机动车道与非机动车道、人行道之间设有隔离设施的路段以及人行横道、施工地段，不得停车；

（二）交叉路口、铁路道口、急弯路、宽度不足4米的窄路、桥梁、陡坡、隧道以及距离上述地点50米以内的路段，不得停车；

（三）公共汽车站、急救站、加油站、消防栓或者消防队（站）门前以及距离上述地点30米以内的路段，除使用上述设施的以外，不得停车；

（四）车辆停稳前不得开车门和上下人员，开关车门不得妨碍其他车辆和行人通行；

（五）路边停车应当紧靠道路右侧，机动车驾驶人不得离车，上下人员或者装卸物品后，立即驶离；

……

第六十四条 机动车行经漫水路或者漫水桥时，应当停车察明水情，确认安全后，低速通过。

……

第六十七条 在单位院内、居民居住区内，机动车应当低速行驶，避让行人；有限速标志的，按照限速标志行驶。

第三节 非机动车通行规定（略）

第四节 行人和乘车人通行规定（略）

第五节 高速公路的特别规定

第七十八条 高速公路应当标明车道的行驶速度，最高车速不得超过每小时 120 公里，最低车速不得低于每小时 60 公里。

在高速公路上行驶的小型载客汽车最高车速不得超过每小时 120 公里，其他机动车不得超过每小时 100 公里，摩托车不得超过每小时 80 公里。

同方向有 2 条车道的，左侧车道的最低车速为每小时 100 公里；同方向有 3 条以上车道的，最左侧车道的最低车速为每小时 110 公里，中间车道的最低车速为每小时 90 公里。道路限速标志标明的车速与上述车道行驶车速的规定不一致的，按照道路限速标志标明的车速行驶。

第七十九条 机动车从匝道驶入高速公路，应当开启左转向灯，在不妨碍已在高速公路内的机动车正常行驶的情况下驶入车道。

机动车驶离高速公路时，应当开启右转向灯，驶入减速车道，降低车速后驶离。

第八十条 机动车在高速公路上行驶，车速超过每小时 100 公里时，应当与同车道前车保持 100 米以上的距离，车速低于每小时 100 公里时，与同车道前车距离可以适当缩短，但最小距离不得少于 50 米。

第八十一条 机动车在高速公路上行驶，遇有雾、雨、雪、沙尘、冰雹等低能见度气象条件时，应当遵守下列规定：

（一）能见度小于 200 米时，开启雾灯、近光灯、示廓灯和前后位灯，车速不得超过每小时 60 公里，与同车道前车保持 100 米以上的距离；

（二）能见度小于 100 米时，开启雾灯、近光灯、示廓灯、前后位灯和危险报警闪光灯，车速不得超过每小时 40 公里，与同车道前车保持 50 米以上的距离；

（三）能见度小于 50 米时，开启雾灯、近光灯、示廓灯、前后位灯和危险报警闪光灯，车速不得超过每小时 20 公里，并从最近的出口尽快驶离高速公路。

遇有前款规定情形时，高速公路管理部门应当通过显示屏等方式发布速度限制、保持车距等提示信息。

第八十二条 机动车在高速公路上行驶，不得有下列行为：

（一）倒车、逆行、穿越中央分隔带掉头或者在车道内停车；

（二）在匝道、加速车道或者减速车道上超车；

（三）骑、轧车行道分界线或者在路肩上行驶；

（四）非紧急情况时在应急车道行驶或者停车；

（五）试车或者学习驾驶机动车。

……

第八十四条 机动车通过施工作业路段时，应当注意警示标志，减速行驶。

第八十五条 城市快速路的道路交通安全管理，参照本节的规定执行。

……

第五章 交通事故处理

第八十六条 机动车与机动车、机动车与非机动车在道路上发生未造成人身伤亡的交通事故，当事人对事实及成因无争议的，在记录交通事故的时间、地点、对方当事人的姓名和联系方式、机动车牌号、驾驶证号、保险凭证号、碰撞部位，并共同签名后，撤离现场，自行协商损害赔偿事宜。当事人对交通事故事实及成因有争议的，应当迅速报警。

第八十七条 非机动车与非机动车或者行人在道路上发生交通事故，未造成人身伤亡，且基本事实及成因清楚的，当事人应当先撤离现场，再自行协商处理损害赔偿事宜。当事人对交通事故事实及成因有争议的，应当迅速报警。

第八十八条 机动车发生交通事故，造成道路、供电、通讯等设施损毁的，驾驶人应当报警等候处理，不得驶离。机动车可以移动的，应当将机动车移至不妨碍交通的地点。公安机关交通管理部门应当将事故有关情况通知有关部门。

第八十九条 公安机关交通管理部门或者交通警察接到交通事故报警，应当及时赶赴现场，对未造成人身伤亡，事实清楚，并且机动车可以移动的，应当在记录事故情况后责令当事人撤离现场，恢复交通。对拒不撤离现场的，予以强制撤离。

对属于前款规定情况的道路交通事故，交通警察可以适用简易程序处理，并当场出具事故认定书。当事人共同请求调解的，交通警察可以当场对损害赔偿争议进行调解。

对道路交通事故造成人员伤亡和财产损失需要勘验、检查现场的，公安机关交通管理部门应当按照勘查现场工作规范进行。现场勘查完毕，应当组织清理现场，恢复交通。

第九十条 投保机动车第三者责任强制保险的机动车发生交通事故，因抢救受伤人员需要保险公司支付抢救费用的，由公安机关交通管理部门通知保险公司。

抢救受伤人员需要道路交通事故救助基金垫付费用的，由公安机关交通管理部门通知道路交通事故社会救助基金管理机构。

第九十一条 公安机关交通管理部门应当根据交通事故当事人的行为对发生交通事故所起的作用以及过错的严重程度，确定当事人的责任。

第九十二条 发生交通事故后当事人逃逸的，逃逸的当事人承担全部责任。但是，有证据证明对方当事人也有过错的，可以减轻责任。

当事人故意破坏、伪造现场、毁灭证据的，承担全部责任。

第九十三条 公安机关交通管理部门对经过勘验、检查现场的交通事故应当在勘查现场之日起10日内制作交通事故认定书。对需要进行检验、鉴定的,应当在检验、鉴定结果确定之日起5日内制作交通事故认定书。

第九十四条 当事人对交通事故损害赔偿有争议,各方当事人一致请求公安机关交通管理部门调解的,应当在收到交通事故认定书之日起10日内提出书面调解申请。

对交通事故致死的,调解从办理丧葬事宜结束之日起开始;对交通事故致伤的,调解从治疗终结或者定残之日起开始;对交通事故造成财产损失的,调解从确定损失之日起开始。

第九十五条 公安机关交通管理部门调解交通事故损害赔偿争议的期限为10日。调解达成协议的,公安机关交通管理部门应当制作调解书送交各方当事人,调解书经各方当事人共同签字后生效;调解未达成协议的,公安机关交通管理部门应当制作调解终结书送交各方当事人。

交通事故损害赔偿项目和标准依照有关法律的规定执行。

第九十六条 对交通事故损害赔偿的争议,当事人向人民法院提起民事诉讼的,公安机关交通管理部门不再受理调解申请。

公安机关交通管理部门调解期间,当事人向人民法院提起民事诉讼的,调解终止。

第九十七条 车辆在道路以外发生交通事故,公安机关交通管理部门接到报案的,参照道路交通安全法和本条例的规定处理。

车辆、行人与火车发生的交通事故以及在渡口发生的交通事故,依照国家有关规定处理。

第六章 执法监督(略)

第七章 法律责任

第一百零二条 违反本条例规定的行为,依照道路交通安全法和本条例的规定处罚。

……

第八章 附 则

……

第一百一十四条 机动车驾驶许可考试的收费标准,由国务院价格主管部门规定。

第一百一十五条 本条例自2004年5月1日起施行。1960年2月11日国务院批准、交通部发布的《机动车管理办法》,1988年3月9日国务院发布的《中华人民共和国道路交通管理条例》,1991年9月22日国务院发布的《道路交通事故处理办法》,同时废止。

6.《国务院对确需保留的行政审批项目设定行政许可的决定》（中华人民共和国国务院令第412号，自2004年6月29日起施行；依据2009年1月29日《国务院对确需保留的行政审批项目设定行政许可的决定》第一次修订；依据2016年8月25日国务院发布关于修改《国务院对确需保留的行政审批项目设定行政许可的决定》第二次修订）（节选）

国务院对确需保留的行政审批项目设定行政许可的决定

依照《中华人民共和国行政许可法》和行政审批制度改革的有关规定，国务院对所属各部门的行政审批项目进行了全面清理。由法律、行政法规设定的行政许可项目，依法继续实施；对法律、行政法规以外的规范性文件设定，但确需保留且符合《中华人民共和国行政许可法》第十二条规定事项的行政审批项目，根据《中华人民共和国行政许可法》第十四条第二款的规定，现决定予以保留并设定行政许可，共500项。

为保证本决定设定的行政许可依法、公开、公平、公正实施，国务院有关部门应当对实施本决定所列各项行政许可的条件等作出具体规定，并予以公布。有关实施行政许可的程序和期限依照《中华人民共和国行政许可法》的有关规定执行。

附件：国务院决定对确需保留的行政审批项目设定行政许可的目录

序号	项目名称	实施机关
	……	
112	出租汽车经营资格证、车辆运营证和驾驶员客运资格证核发	县级以上地方人民政府出租汽车行政主管部门
	……	

7.《网络预约出租汽车经营服务管理暂行办法》(交通运输部　工业和信息化部　公安部　商务部　工商总局　质检总局　国家网信办令2016年第60号,自2016年11月1日起施行)

网络预约出租汽车经营服务管理暂行办法

第一章　总　则

第一条　为更好地满足社会公众多样化出行需求,促进出租汽车行业和互联网融合发展,规范网络预约出租汽车经营服务行为,保障运营安全和乘客合法权益,根据国家有关法律、行政法规,制定本办法。

第二条　从事网络预约出租汽车(以下简称网约车)经营服务,应当遵守本办法。

本办法所称网约车经营服务,是指以互联网技术为依托构建服务平台,整合供需信息,使用符合条件的车辆和驾驶员,提供非巡游的预约出租汽车服务的经营活动。

本办法所称网络预约出租汽车经营者(以下称网约车平台公司),是指构建网络服务平台,从事网约车经营服务的企业法人。

第三条　坚持优先发展城市公共交通、适度发展出租汽车,按照高品质服务、差异化经营的原则,有序发展网约车。

网约车运价实行市场调节价,城市人民政府认为有必要实行政府指导价的除外。

第四条　国务院交通运输主管部门负责指导全国网约车管理工作。

各省、自治区人民政府交通运输主管部门在本级人民政府领导下,负责指导本行政区域内网约车管理工作。

直辖市、设区的市级或者县级交通运输主管部门或人民政府指定的其他出租汽车行政主管部门(以下称出租汽车行政主管部门)在本级人民政府领导下,负责具体实施网约车管理。

其他有关部门依据法定职责,对网约车实施相关监督管理。

第二章　网约车平台公司

第五条　申请从事网约车经营的,应当具备线上线下服务能力,符合下列条件:

(一)具有企业法人资格;

(二)具备开展网约车经营的互联网平台和与拟开展业务相适应的信息数据交互及处理能力,具备供交通、通信、公安、税务、网信等相关监管部门依法调取查询相关网络数据信息的条件,网络服务平台数据库接入出租汽车行政主管部门监管平台,服务器设置在中国内地，有符合规定的网络安全管理制度和安全保护技术措施；

（三）使用电子支付的，应当与银行、非银行支付机构签订提供支付结算服务的协议；

（四）有健全的经营管理制度、安全生产管理制度和服务质量保障制度；

（五）在服务所在地有相应服务机构及服务能力；

（六）法律法规规定的其他条件。

外商投资网约车经营的，除符合上述条件外，还应当符合外商投资相关法律法规的规定。

第六条 申请从事网约车经营的，应当根据经营区域向相应的出租汽车行政主管部门提出申请，并提交以下材料：

（一）网络预约出租汽车经营申请表（见附件）；

（二）投资人、负责人身份、资信证明及其复印件，经办人的身份证明及其复印件和委托书；

（三）企业法人营业执照，属于分支机构的还应当提交营业执照，外商投资企业还应当提供外商投资企业批准证书；

（四）服务所在地办公场所、负责人员和管理人员等信息；

（五）具备互联网平台和信息数据交互及处理能力的证明材料，具备供交通、通信、公安、税务、网信等相关监管部门依法调取查询相关网络数据信息条件的证明材料，数据库接入情况说明，服务器设置在中国内地的情况说明，依法建立并落实网络安全管理制度和安全保护技术措施的证明材料；

（六）使用电子支付的，应当提供与银行、非银行支付机构签订的支付结算服务协议；

（七）经营管理制度、安全生产管理制度和服务质量保障制度文本；

（八）法律法规要求提供的其他材料。

首次从事网约车经营的，应当向企业注册地相应出租汽车行政主管部门提出申请，前款第（五）、第（六）项有关线上服务能力材料由网约车平台公司注册地省级交通运输主管部门商同级通信、公安、税务、网信、人民银行等部门审核认定，并提供相应认定结果，认定结果全国有效。网约车平台公司在注册地以外申请从事网约车经营的，应当提交前款第（五）、第（六）项有关线上服务能力认定结果。

其他线下服务能力材料，由受理申请的出租汽车行政主管部门进行审核。

第七条 出租汽车行政主管部门应当自受理之日起20日内作出许可或者不予许可的决定。20日内不能作出决定的，经实施机关负责人批准，可以延长10日，并应当将延长期限的理由告知申请人。

第八条 出租汽车行政主管部门对于网约车经营申请作出行政许可决定的，应当明确经营范围、经营区域、经营期限等，并发放《网络预约出租汽车经营许可证》。

第九条 出租汽车行政主管部门对不符合规定条件的申请作出不予行政许可决定的，应当向申请人出具《不予行政许可决定书》。

第十条 网约车平台公司应当在取得相应《网络预约出租汽车经营许可证》并向企业注册地省级通信主管部门申请互联网信息服务备案后，方可开展相关业务。备案内容包括经营者真实身份信息、接入信息、出租汽车行政主管部门核发的《网络预约出租汽车经营许可证》等。涉及经营电信业务的,还应当符合电信管理的相关规定。

网约车平台公司应当自网络正式联通之日起30日内,到网约车平台公司管理运营机构所在地的省级人民政府公安机关指定的受理机关办理备案手续。

第十一条 网约车平台公司暂停或者终止运营的,应当提前30日向服务所在地出租汽车行政主管部门书面报告,说明有关情况,通告提供服务的车辆所有人和驾驶员,并向社会公告。终止经营的,应当将相应《网络预约出租汽车经营许可证》交回原许可机关。

第三章 网约车车辆和驾驶员

第十二条 拟从事网约车经营的车辆,应当符合以下条件:

(一)7座及以下乘用车;

(二)安装具有行驶记录功能的车辆卫星定位装置、应急报警装置;

(三)车辆技术性能符合运营安全相关标准要求。

车辆的具体标准和营运要求,由相应的出租汽车行政主管部门,按照高品质服务、差异化经营的发展原则,结合本地实际情况确定。

第十三条 服务所在地出租汽车行政主管部门依车辆所有人或者网约车平台公司申请,按第十二条规定的条件审核后,对符合条件并登记为预约出租客运的车辆,发放《网络预约出租汽车运输证》。

城市人民政府对网约车发放《网络预约出租汽车运输证》另有规定的,从其规定。

第十四条 从事网约车服务的驾驶员,应当符合以下条件:

(一)取得相应准驾车型机动车驾驶证并具有3年以上驾驶经历;

(二)无交通肇事犯罪、危险驾驶犯罪记录,无吸毒记录,无饮酒后驾驶记录,最近连续3个记分周期内没有记满12分记录;

(三)无暴力犯罪记录;

(四)城市人民政府规定的其他条件。

第十五条 服务所在地设区的市级出租汽车行政主管部门依驾驶员或者网约车平台公司申请,按第十四条规定的条件核查并按规定考核后,为符合条件且考核合格的驾驶员,发放《网络预约出租汽车驾驶员证》。

第四章 网约车经营行为

第十六条 网约车平台公司承担承运人责任,应当保证运营安全,保障乘客合法权益。

第十七条 网约车平台公司应当保证提供服务车辆具备合法营运资质,技术状况良好,安全性能可靠,具有营运车辆相关保险,保证线上提供服务的车辆与线下实际提供服务的车辆一致,并将车辆相关信息向服务所在地出租汽车行政主管部门报备。

第十八条 网约车平台公司应当保证提供服务的驾驶员具有合法从业资格,按照有关法律法规规定,根据工作时长、服务频次等特点,与驾驶员签订多种形式的劳动合同或者协议,明确双方的权利和义务。网约车平台公司应当维护和保障驾驶员合法权益,开展有关法律法规、职业道德、服务规范、安全运营等方面的岗前培训和日常教育,保证线上提供服务的驾驶员与线下实际提供服务的驾驶员一致,并将驾驶员相关信息向服务所在地出租汽车行政主管部门报备。

网约车平台公司应当记录驾驶员、约车人在其服务平台发布的信息内容、用户注册信息、身份认证信息、订单日志、上网日志、网上交易日志、行驶轨迹日志等数据并备份。

第十九条 网约车平台公司应当公布确定符合国家有关规定的计程计价方式，明确服务项目和质量承诺，建立服务评价体系和乘客投诉处理制度，如实采集与记录驾驶员服务信息。在提供网约车服务时，提供驾驶员姓名、照片、手机号码和服务评价结果，以及车辆牌照等信息。

第二十条 网约车平台公司应当合理确定网约车运价，实行明码标价，并向乘客提供相应的出租汽车发票。

第二十一条 网约车平台公司不得妨碍市场公平竞争，不得侵害乘客合法权益和社会公共利益。

网约车平台公司不得有为排挤竞争对手或者独占市场，以低于成本的价格运营扰乱正常市场秩序，损害国家利益或者其他经营者合法权益等不正当价格行为，不得有价格违法行为。

第二十二条 网约车应当在许可的经营区域内从事经营活动，超出许可的经营区域的，起讫点一端应当在许可的经营区域内。

第二十三条 网约车平台公司应当依法纳税，为乘客购买承运人责任险等相关保险，充分保障乘客权益。

第二十四条 网约车平台公司应当加强安全管理，落实运营、网络等安全防范措施，严格数据安全保护和管理，提高安全防范和抗风险能力，支持配合有关部门开展相关工作。

第二十五条 网约车平台公司和驾驶员提供经营服务应当符合国家有关运营服务标准，不得途中甩客或者故意绕道行驶，不得违规收费，不得对举报、投诉其服务质量或者对其服务作出不满意评价的乘客实施报复行为。

第二十六条 网约车平台公司应当通过其服务平台以显著方式将驾驶员、约车人和乘客等个人信息的采集和使用的目的、方式和范围进行告知。未经信息主体明示同意，网约车平台公司不得使用前述个人信息用于开展其他业务。

网约车平台公司采集驾驶员、约车人和乘客的个人信息，不得超越提供网约车业务所必需的范围。

除配合国家机关依法行使监督检查权或者刑事侦查权外，网约车平台公司不得向任何第三方提供驾驶员、约车人和乘客的姓名、联系方式、家庭住址、银行账户或者支付账户、地理位置、出行线路等个人信息，不得泄露地理坐标、地理标志物等涉及国家安全的敏感信息。发生信息泄露后，网约车平台公司应当及时向相关主管部门报告，并采取及时有效的补救措施。

第二十七条 网约车平台公司应当遵守国家网络和信息安全有关规定，所采集的个人信息和生成的业务数据，应当在中国内地存储和使用，保存期限不少于 2 年，除法律法规另有规定外，上述信息和数据不得外流。

网约车平台公司不得利用其服务平台发布法律法规禁止传播的信息，不得为企业、个人及其他团体、组织发布有害信息提供便利，并采取有效措施过滤阻断有害信息传播。发现他人利用其网络服务平台传播有害信息的，应当立即停止传输，保存有关记录，并向国家有关机关报告。

网约车平台公司应当依照法律规定，为公安机关依法开展国家安全工作，防范、调查违法犯罪活动提供必要的技术支持与协助。

第二十八条 任何企业和个人不得向未取得合法资质的车辆、驾驶员提供信息对接开展网约车经营服务。不得以私人小客车合乘名义提供网约车经营服务。

网约车车辆和驾驶员不得通过未取得经营许可的网络服务平台提供运营服务。

第五章 监督检查

第二十九条 出租汽车行政主管部门应当建设和完善政府监管平台，实现与网约车平台信息共享。共享信息应当包括车辆和驾驶员基本信息、服务质量以及乘客评价信息等。

出租汽车行政主管部门应当加强对网约车市场监管，加强对网约车平台公司、车辆和驾驶员的资质审查与证件核发管理。

出租汽车行政主管部门应当定期组织开展网约车服务质量测评，并及时向社会公布本地区网约车平台公司基本信息、服务质量测评结果、乘客投诉处理情况等信息。

出租汽车行政主管、公安等部门有权根据管理需要依法调取查阅管辖范围内网约车平台公司的登记、运营和交易等相关数据信息。

第三十条 通信主管部门和公安、网信部门应当按照各自职责，对网约车平台公司非法收集、存储、处理和利用有关个人信息、违反互联网信息服务有关规定、危害网络和信息安全、应用网约车服务平台发布有害信息或者为企业、个人及其他团体组织发布有害信息提供便利的行为，依法进行查处，并配合出租汽车行政主管部门对认定存在违法违规行为的网约车平台公司进行依法处置。

公安机关、网信部门应当按照各自职责监督检查网络安全管理制度和安全保护技术措施的落实情况，防范、查处有关违法犯罪活动。

第三十一条 发展改革、价格、通信、公安、人力资源社会保障、商务、人民银行、税务、工商、质检、网信等部门按照各自职责，对网约车经营行为实施相关监督检查，并对违法行为依法处理。

第三十二条 各有关部门应当按照职责建立网约车平台公司和驾驶员信用记录，并纳入全国信用信息共享平台。同时将网约车平台公司行政许可和行政处罚等信用信息在全国企业信用信息公示系统上予以公示。

第三十三条 出租汽车行业协会组织应当建立网约车平台公司和驾驶员不良记录名单制度，加强行业自律。

第六章 法律责任

第三十四条 违反本规定，有下列行为之一的，由县级以上出租汽车行政主管部门责令改正，予以警告，并处以10000元以上30000元以下罚款；构成犯罪的，依法追究刑事责任：

（一）未取得经营许可，擅自从事或者变相从事网约车经营活动的；

（二）伪造、变造或者使用伪造、变造、失效的《网络预约出租汽车运输证》《网络预约出租汽车驾驶员证》从事网约车经营活动的。

第三十五条 网约车平台公司违反本规定，有下列行为之一的，由县级以上出租汽车行政主管部门和价格主管部门按照职责责令改正，对每次违法行为处以5000元以上10000元以下罚款；情节严重的，处以10000元以上30000元以下罚款：

（一）提供服务车辆未取得《网络预约出租汽车运输证》，或者线上提供服务车辆与线下实际提供服务车辆不一致的；

（二）提供服务驾驶员未取得《网络预约出租汽车驾驶员证》，或者线上提供服务驾驶员与线下实际提供服务驾驶员不一致的；

（三）未按照规定保证车辆技术状况良好的；

（四）起讫点均不在许可的经营区域从事网约车经营活动的；

（五）未按照规定将提供服务的车辆、驾驶员相关信息向服务所在地出租汽车行政主管部门报备的；

（六）未按照规定制定服务质量标准、建立并落实投诉举报制度的；

（七）未按照规定提供共享信息，或者不配合出租汽车行政主管部门调取查阅相关数据信息的；

（八）未履行管理责任，出现甩客、故意绕道、违规收费等严重违反国家相关运营服务标准行为的。

网约车平台公司不再具备线上线下服务能力或者有严重违法行为的，由县级以上出租汽车行政主管部门依据相关法律法规的有关规定责令停业整顿、吊销相关许可证件。

第三十六条 网约车驾驶员违反本规定，有下列情形之一的，由县级以上出租汽车行政主管部门和价格主管部门按照职责责令改正，对每次违法行为处以50元以上200元以下罚款：

（一）未按照规定携带《网络预约出租汽车运输证》、《网络预约出租汽车驾驶员证》的；

（二）途中甩客或者故意绕道行驶的；

（三）违规收费的；

（四）对举报、投诉其服务质量或者对其服务作出不满意评价的乘客实施报复行为的。

网约车驾驶员不再具备从业条件或者有严重违法行为的，由县级以上出租汽车行政主管部门依据相关法律法规的有关规定撤销或者吊销从业资格证件。

对网约车驾驶员的行政处罚信息计入驾驶员和网约车平台公司信用记录。

第三十七条 网约车平台公司违反本规定第十、十八、二十六、二十七条有关规定的，由网信部门、公安机关和通信主管部门按各自职责依照相关法律法规规定给予处罚；给信息主体造成损失的，依法承担民事责任；涉嫌犯罪的，依法追究刑事责任。

网约车平台公司及网约车驾驶员违法使用或者泄露约车人、乘客个人信息的，由公安、网信等部门依照各自职责处以2000元以上10000元以下罚款；给信息主体造成损失的，依法承担民事责任；涉嫌犯罪的，依法追究刑事责任。

网约车平台公司拒不履行或者拒不按要求为公安机关依法开展国家安全工作，防范、调查违法犯罪活动提供技术支持与协助的，由公安机关依法予以处罚；构成犯罪的，依法追究刑事责任。

第七章　附　　则

第三十八条　私人小客车合乘，也称为拼车、顺风车，按城市人民政府有关规定执行。

第三十九条　网约车行驶里程达到 60 万千米时强制报废。行驶里程未达到 60 万千米但使用年限达到 8 年时，退出网约车经营。

小、微型非营运载客汽车登记为预约出租客运的，按照网约车报废标准报废。其他小、微型营运载客汽车登记为预约出租客运的，按照该类型营运载客汽车报废标准和网约车报废标准中先行达到的标准报废。

省、自治区、直辖市人民政府有关部门要结合本地实际情况，制定网约车报废标准的具体规定，并报国务院商务、公安、交通运输等部门备案。

第四十条　本办法自 2016 年 11 月 1 日起实施。各地可根据本办法结合本地实际制定具体实施细则。

8.《出租汽车驾驶员从业资格管理规定》(交通运输部令 2016 年第 63 号,自 2016 年 10 月 1 日起施行)

出租汽车驾驶员从业资格管理规定

第一章 总 则

第一条 为了规范出租汽车驾驶员从业行为,提升出租汽车客运服务水平,根据国家有关规定,制定本规定。

第二条 出租汽车驾驶员的从业资格管理适用本规定。

第三条 国家对从事出租汽车客运服务的驾驶员实行从业资格制度。

出租汽车驾驶员从业资格包括巡游出租汽车驾驶员从业资格和网络预约出租汽车驾驶员从业资格等。

第四条 出租汽车驾驶员从业资格管理工作应当公平、公正、公开和便民。

第五条 出租汽车驾驶员应当依法经营、诚实守信、文明服务、保障安全。

第六条 交通运输部负责指导全国出租汽车驾驶员从业资格管理工作。

各省、自治区人民政府交通运输主管部门在本级人民政府领导下,负责指导本行政区域内出租汽车驾驶员从业资格管理工作。

直辖市、设区的市级或者县级交通运输主管部门或者人民政府指定的其他出租汽车行政主管部门(以下称出租汽车行政主管部门)在本级人民政府领导下,负责具体实施出租汽车驾驶员从业资格管理。

第二章 考 试

第七条 出租汽车驾驶员从业资格考试包括全国公共科目和区域科目考试。

全国公共科目考试是对国家出租汽车法律法规、职业道德、服务规范、安全运营等具有普遍规范要求的知识测试。

巡游出租汽车驾驶员从业资格区域科目考试是对地方出租汽车政策法规、经营区域人文地理和交通路线等具有区域服务特征的知识测试。

网络预约出租汽车驾驶员从业资格区域科目考试是对地方出租汽车政策法规等具有区域规范要求的知识测试。设区的市级以上地方人民政府出租汽车行政主管部门可以根据区域服务特征自行确定其他考试内容。

第八条 全国公共科目考试实行全国统一考试大纲。全国公共科目考试大纲、考试题库由交通运输部负责编制。

区域科目考试大纲和考试题库由设区的市级以上地方人民政府出租汽车行政主管部门

负责编制。

出租汽车驾驶员从业资格考试由设区的市级以上地方人民政府出租汽车行政主管部门按照交通运输部编制的考试工作规范和程序组织实施。鼓励推广使用信息化方式和手段组织实施出租汽车驾驶员从业资格考试。

第九条 拟从事出租汽车客运服务的,应当填写《出租汽车驾驶员从业资格证申请表》(式样见附件1),向所在地设区的市级出租汽车行政主管部门申请参加出租汽车驾驶员从业资格考试。

第十条 申请参加出租汽车驾驶员从业资格考试的,应当符合下列条件:

(一)取得相应准驾车型机动车驾驶证并具有3年以上驾驶经历;

(二)无交通肇事犯罪、危险驾驶犯罪记录,无吸毒记录,无饮酒后驾驶记录,最近连续3个记分周期内没有记满12分记录;

(三)无暴力犯罪记录;

(四)城市人民政府规定的其他条件。

第十一条 申请参加出租汽车驾驶员从业资格考试的,应当提供符合第十条规定的证明或者承诺材料:

(一)机动车驾驶证及复印件;

(二)无交通肇事犯罪、危险驾驶犯罪记录,无吸毒记录,无饮酒后驾驶记录,最近连续3个记分周期内没有记满12分记录的材料;

(三)无暴力犯罪记录的材料;

(四)身份证明及复印件;

(五)城市人民政府规定的其他材料。

第十二条 设区的市级出租汽车行政主管部门对符合申请条件的申请人,应当按照出租汽车驾驶员从业资格考试工作规范及时安排考试。

首次参加出租汽车驾驶员从业资格考试的申请人,全国公共科目和区域科目考试应当在首次申请考试的区域完成。

第十三条 设区的市级出租汽车行政主管部门应当在考试结束10日内公布考试成绩。考试合格成绩有效期为3年。

全国公共科目考试成绩在全国范围内有效,区域科目考试成绩在所在地行政区域内有效。

第十四条 出租汽车驾驶员从业资格考试全国公共科目和区域科目考试均合格的,设区的市级出租汽车行政主管部门应当自公布考试成绩之日起10日内向巡游出租汽车驾驶员核发《巡游出租汽车驾驶员证》、向网络预约出租汽车驾驶员核发《网络预约出租汽车驾驶员证》(《巡游出租汽车驾驶员证》和《网络预约出租汽车驾驶员证》以下统称从业资格证)。

从业资格证式样参照《中华人民共和国道路运输从业人员从业资格证》式样。

鼓励推广使用从业资格电子证件。采用电子证件的,应当包含证件式样所确定的相关信息。

第十五条 出租汽车驾驶员到从业资格证发证机关核定的范围外从事出租汽车客运服

务的,应当参加当地的区域科目考试。区域科目考试合格的,由当地设区的市级出租汽车行政主管部门核发从业资格证。

第三章 注 册

第十六条 取得从业资格证的出租汽车驾驶员,应当经出租汽车行政主管部门从业资格注册后,方可从事出租汽车客运服务。

出租汽车驾驶员从业资格注册有效期为3年。

第十七条 出租汽车经营者应当聘用取得从业资格证的出租汽车驾驶员,并在出租汽车驾驶员办理从业资格注册后再安排上岗。

第十八条 巡游出租汽车驾驶员申请从业资格注册或者延续注册的,应当填写《巡游出租汽车驾驶员从业资格注册登记表》(式样见附件2),持其从业资格证及与出租汽车经营者签订的劳动合同或者经营合同,到发证机关所在地出租汽车行政主管部门申请注册。

个体巡游出租汽车经营者自己驾驶出租汽车从事经营活动的,持其从业资格证及车辆运营证申请注册。

第十九条 受理注册申请的出租汽车行政主管部门应当在5日内办理完结注册手续,并在从业资格证中加盖注册章。

第二十条 巡游出租汽车驾驶员注册有效期届满需继续从事出租汽车客运服务的,应当在有效期届满30日前,向所在地出租汽车行政主管部门申请延续注册。

第二十一条 出租汽车驾驶员不具有完全民事行为能力,或者受到刑事处罚且刑事处罚尚未执行完毕的,不予延续注册。

第二十二条 巡游出租汽车驾驶员在从业资格注册有效期内,与出租汽车经营者解除劳动合同或者经营合同的,应当在20日内向原注册机构报告,并申请注销注册。

巡游出租汽车驾驶员变更服务单位的,应当重新申请注册。

第二十三条 网络预约出租汽车驾驶员的注册,通过出租汽车经营者向发证机关所在地出租汽车行政主管部门报备完成,报备信息包括驾驶员从业资格证信息、与出租汽车经营者签订的劳动合同或者协议等。

网络预约出租汽车驾驶员与出租汽车经营者解除劳动合同或者协议的,通过出租汽车经营者向发证机关所在地出租汽车行政主管部门报备完成注销。

第四章 继续教育

第二十四条 出租汽车驾驶员在注册期内应当按规定完成继续教育。

取得从业资格证超过3年未申请注册的,注册后上岗前应当完成不少于27学时的继续教育。

第二十五条 交通运输部统一制定出租汽车驾驶员继续教育大纲并向社会公布。继续教育大纲内容包括出租汽车相关政策法规、社会责任和职业道德、服务规范、安全运营和节能减排知识等。

第二十六条 出租汽车驾驶员继续教育由出租汽车经营者组织实施。

第二十七条 出租汽车驾驶员完成继续教育后,应当由出租汽车经营者向所在地出租汽车行政主管部门报备,出租汽车行政主管部门在出租汽车驾驶员从业资格证中予以记录。

第二十八条 出租汽车行政主管部门应当加强对出租汽车经营者组织继续教育情况的监督检查。

第二十九条 出租汽车经营者应当建立学员培训档案,将继续教育计划、继续教育师资情况、参培学员登记表等纳入档案管理,并接受出租汽车行政主管部门的监督检查。

第五章 从业资格证件管理

第三十条 出租汽车驾驶员从业资格证由交通运输部统一制发并制定编号规则。设区的市级出租汽车行政主管部门负责从业资格证的发放和管理工作。

第三十一条 出租汽车驾驶员从业资格证遗失、毁损的,应当到原发证机关办理证件补(换)发手续。

第三十二条 出租汽车驾驶员办理从业资格证补(换)发手续,应当填写《出租汽车驾驶员从业资格证补(换)发登记表》(式样见附件3)。出租汽车行政主管部门应当对符合要求的从业资格证补(换)发申请予以办理。

第三十三条 出租汽车驾驶员在从事出租汽车客运服务时,应当携带从业资格证。

第三十四条 出租汽车驾驶员从业资格证不得转借、出租、涂改、伪造或者变造。

第三十五条 出租汽车经营者应当维护出租汽车驾驶员的合法权益,为出租汽车驾驶员从业资格注册、继续教育等提供便利。

第三十六条 出租汽车行政主管部门应当加强对出租汽车驾驶员的从业管理,将其违法行为记录作为服务质量信誉考核的依据。

第三十七条 出租汽车行政主管部门应当建立出租汽车驾驶员从业资格管理档案。

出租汽车驾驶员从业资格管理档案包括:从业资格考试申请材料、从业资格证申请、注册及补(换)发记录、违法行为记录、交通责任事故情况、继续教育记录和服务质量信誉考核结果等。

第三十八条 出租汽车驾驶员有下列情形之一的,由发证机关注销其从业资格证。从业资格证被注销的,应当及时收回;无法收回的,由发证机关公告作废。

(一)持证人死亡的;

(二)持证人申请注销的;

(三)持证人达到法定退休年龄的;

(四)持证人机动车驾驶证被注销或者被吊销的;

(五)因身体健康等其他原因不宜继续从事出租汽车客运服务的。

第三十九条 出租汽车驾驶员有下列不具备安全运营条件情形之一的,由发证机关撤销其从业资格证,并公告作废:

(一)持证人身体健康状况不再符合从业要求且没有主动申请注销从业资格证的;

(二)有交通肇事犯罪、危险驾驶犯罪记录,有吸毒记录,有饮酒后驾驶记录,有暴力犯罪记录,最近连续3个记分周期内记满12分记录。

第四十条 出租汽车驾驶员在运营过程中,应当遵守国家对驾驶员在法律法规、职业道德、服务规范、安全运营等方面的资格规定,文明行车、优质服务。出租汽车驾驶员不得有下列行为：

（一）途中甩客或者故意绕道行驶；

（二）不按照规定携带道路运输证、从业资格证；

（三）不按照规定使用出租汽车相关设备；

（四）不按照规定使用文明用语，车容车貌不符合要求；

（五）未经乘客同意搭载其他乘客；

（六）不按照规定出具相应车费票据；

（七）网络预约出租汽车驾驶员违反规定巡游揽客、站点候客；

（八）巡游出租汽车驾驶员拒载，或者未经约车人或乘客同意、网络预约出租汽车驾驶员无正当理由未按承诺到达约定地点提供预约服务；

（九）巡游出租汽车驾驶员不按照规定使用计程计价设备、违规收费或者网络预约出租汽车驾驶员违规收费；

（十）对举报、投诉其服务质量或者对其服务作出不满意评价的乘客实施报复。

出租汽车驾驶员有本条前款违法行为的，应当加强继续教育；情节严重的，出租汽车行政主管部门应当对其延期注册。

第六章　法律责任

第四十一条　违反本规定，有下列行为之一的人员，由县级以上出租汽车行政主管部门责令改正，并处1万元以上3万元以下的罚款；构成犯罪的，依法追究刑事责任：

（一）未取得从业资格证或者超越从业资格证核定范围，驾驶出租汽车从事经营活动的；

（二）使用失效、伪造、变造的从业资格证，驾驶出租汽车从事经营活动的；

（三）转借、出租、涂改从业资格证的。

第四十二条　出租汽车驾驶员违反第十六条、第四十条规定的，由县级以上出租汽车行政主管部门责令改正，并处200元以上2000元以下的罚款。

第四十三条　违反本规定，聘用未取得从业资格证的人员，驾驶出租汽车从事经营活动的，由县级以上出租汽车行政主管部门责令改正，并处5000元以上1万元以下的罚款；情节严重的，处1万元以上3万元以下的罚款。

第四十四条　违反本规定，有下列行为之一的出租汽车经营者，由县级以上出租汽车行政主管部门责令改正，并处1000元以上3000元以下的罚款：

（一）聘用未按规定办理注册手续的人员，驾驶出租汽车从事经营活动的；

（二）不按照规定组织实施继续教育的。

第四十五条　违反本规定，出租汽车行政主管部门及工作人员有下列情形之一的，对直接负责的主管人员和其他直接责任人员，依法给予行政处分；构成犯罪的，依法追究刑事责任：

（一）未按规定的条件、程序和期限组织从业资格考试及核发从业资格证的；

（二）发现违法行为未及时查处的；

（三）索取、收受他人财物及谋取其他不正当利益的；

（四）其他违法行为。

第四十六条 地方性法规、政府规章对出租汽车驾驶员违法行为需要承担的法律责任与本规定有不同规定的，从其规定。

第七章 附 则

第四十七条 本规定施行前依法取得的从业资格证继续有效。可在原证件有效期届满前申请延续注册时申请换发新的从业资格证，并按规定进行注册。

其他预约出租汽车驾驶员的从业资格参照巡游出租汽车驾驶员执行。

第四十八条 本规定自 2012 年 4 月 1 日起施行。

附件 1：出租汽车驾驶员从业资格证申请表（略）

附件 2：巡游出租车驾驶员从业资格注册登记表（略）

附件 3：出租汽车驾驶员从业资格证补（换）发申请表（略）

9.《巡游出租汽车经营服务管理规定》(交通运输部令 2016 年第 64 号,自 2016 年 11 月 1 日起施行)

巡游出租汽车经营服务管理规定

第一章 总 则

第一条 为规范巡游出租汽车经营服务行为,保障乘客、驾驶员和巡游出租汽车经营者的合法权益,促进出租汽车行业健康发展,根据国家有关法律、行政法规,制定本规定。

第二条 从事巡游出租汽车经营服务,应当遵守本规定。

第三条 出租汽车是城市综合交通运输体系的组成部分,是城市公共交通的补充,为社会公众提供个性化运输服务。优先发展城市公共交通,适度发展出租汽车。

巡游出租汽车发展应当与城市经济社会发展相适应,与公共交通等客运服务方式协调发展。

第四条 巡游出租汽车应当依法经营,诚实守信,公平竞争,优质服务。

第五条 国家鼓励巡游出租汽车实行规模化、集约化、公司化经营。

第六条 交通运输部负责指导全国巡游出租汽车管理工作。

各省、自治区人民政府交通运输主管部门在本级人民政府领导下,负责指导本行政区域内巡游出租汽车管理工作。

直辖市、设区的市级或者县级交通运输主管部门或者人民政府指定的其他出租汽车行政主管部门(以下称出租汽车行政主管部门)在本级人民政府领导下,负责具体实施巡游出租汽车管理。

第七条 县级以上地方人民政府出租汽车行政主管部门应当根据经济社会发展和人民群众出行需要,按照巡游出租汽车功能定位,制定巡游出租汽车发展规划,并报经同级人民政府批准后实施。

第二章 经营许可

第八条 申请巡游出租汽车经营的,应当根据经营区域向相应的县级以上地方人民政府出租汽车行政主管部门提出申请,并符合下列条件:

(一)有符合机动车管理要求并满足以下条件的车辆或者提供保证满足以下条件的车辆承诺书:

1. 符合国家、地方规定的巡游出租汽车技术条件;

2. 有按照第十三条规定取得的巡游出租汽车车辆经营权。

(二)有取得符合要求的从业资格证件的驾驶人员;

（三）有健全的经营管理制度、安全生产管理制度和服务质量保障制度；

（四）有固定的经营场所和停车场地。

第九条 申请人申请巡游出租汽车经营时，应当提交以下材料：

（一）《巡游出租汽车经营申请表》（见附件1）；

（二）投资人、负责人身份、资信证明及其复印件，经办人的身份证明及其复印件和委托书；

（三）巡游出租汽车车辆经营权证明及拟投入车辆承诺书（见附件2），包括车辆数量、座位数、类型及等级、技术等级；

（四）聘用或者拟聘用驾驶员从业资格证及其复印件；

（五）巡游出租汽车经营管理制度、安全生产管理制度和服务质量保障制度文本；

（六）经营场所、停车场地有关使用证明等。

第十条 县级以上地方人民政府出租汽车行政主管部门对巡游出租汽车经营申请予以受理的，应当自受理之日起20日内作出许可或者不予许可的决定。

第十一条 县级以上地方人民政府出租汽车行政主管部门对巡游出租汽车经营申请作出行政许可决定的，应当出具《巡游出租汽车经营行政许可决定书》（见附件3），明确经营范围、经营区域、车辆数量及要求、巡游出租汽车车辆经营权期限等事项，并在10日内向被许可人发放《道路运输经营许可证》。

县级以上地方人民政府出租汽车行政主管部门对不符合规定条件的申请作出不予行政许可决定的，应当向申请人出具《不予行政许可决定书》。

第十二条 县级以上地方人民政府出租汽车行政主管部门应当按照当地巡游出租汽车发展规划，综合考虑市场实际供需状况、巡游出租汽车运营效率等因素，科学确定巡游出租汽车运力规模，合理配置巡游出租汽车的车辆经营权。

第十三条 国家鼓励通过服务质量招投标方式配置巡游出租汽车的车辆经营权。

县级以上地方人民政府出租汽车行政主管部门应当根据投标人提供的运营方案、服务质量状况或者服务质量承诺、车辆设备和安全保障措施等因素，择优配置巡游出租汽车的车辆经营权，向中标人发放车辆经营权证明，并与中标人签订经营协议。

第十四条 巡游出租汽车车辆经营权的经营协议应当包括以下内容：

（一）巡游出租汽车车辆经营权的数量、使用方式、期限等；

（二）巡游出租汽车经营服务标准；

（三）巡游出租汽车车辆经营权的变更、终止和延续等；

（四）履约担保；

（五）违约责任；

（六）争议解决方式；

（七）双方认为应当约定的其他事项。

在协议有效期限内，确需变更协议内容的，协议双方应当在共同协商的基础上签订补充协议。

第十五条 被许可人应当按照《巡游出租汽车经营行政许可决定书》和经营协议，投入符合规定数量、座位数、类型及等级、技术等级等要求的车辆。原许可机关核实符合要求后，为车辆核发《道路运输证》。

投入运营的巡游出租汽车车辆应当安装符合规定的计程计价设备、具有行驶记录功能的车辆卫星定位装置、应急报警装置，按照要求喷涂车身颜色和标识，设置有中英文“出租汽车”字样的顶灯和能显示空车、暂停运营、电召等运营状态的标志，按照规定在车辆醒目位置标明运价标准、乘客须知、经营者名称和服务监督电话。

第十六条 巡游出租汽车车辆经营权不得超过规定的期限，具体期限由县级以上地方人民政府出租汽车行政主管部门报本级人民政府根据投入车辆的车型和报废周期等因素确定。

第十七条 巡游出租汽车车辆经营权因故不能继续经营的，授予车辆经营权的出租汽车行政主管部门可优先收回。在车辆经营权有效期限内，需要变更车辆经营权经营主体的，应当到原许可机关办理变更许可手续。出租汽车行政主管部门在办理车辆经营权变更许可手续时，应当按照第八条的规定，审查新的车辆经营权经营主体的条件，提示车辆经营权期限等相关风险，并重新签订经营协议，经营期限为该车辆经营权的剩余期限。

第十八条 巡游出租汽车经营者在车辆经营权期限内，不得擅自暂停或者终止经营。需要变更许可事项或者暂停、终止经营的，应当提前30日向原许可机关提出申请，依法办理相关手续。巡游出租汽车经营者终止经营的，应当将相关的《道路运输经营许可证》和《道路运输证》等交回原许可机关。

巡游出租汽车经营者取得经营许可后无正当理由超过180天不投入符合要求的车辆运营或者运营后连续180天以上停运的，视为自动终止经营，由原许可机关收回相应的巡游出租汽车车辆经营权。

巡游出租汽车经营者合并、分立或者变更经营主体名称的，应当到原许可机关办理变更许可手续。

第十九条 巡游出租汽车车辆经营权到期后，巡游出租汽车经营者拟继续从事经营的，应当在车辆经营权有效期届满60日前，向原许可机关提出申请。原许可机关应当根据《出租汽车服务质量信誉考核办法》规定的出租汽车经营者服务质量信誉考核等级，审核巡游出租汽车经营者的服务质量信誉考核结果，并按照以下规定处理：

（一）考核等级在经营期限内均为AA级及以上的，应当批准其继续经营；

（二）考核等级在经营期限内有A级的，应当督促其加强内部管理，整改合格后准许其继续经营；

（三）考核等级在经营期限内有B级或者一半以上为A级的，可视情适当核减车辆经营权；

（四）考核等级在经营期限内有一半以上为B级的，应当收回车辆经营权，并按照第十三条的规定重新配置车辆经营权。

第三章 运营服务

第二十条 巡游出租汽车经营者应当为乘客提供安全、便捷、舒适的出租汽车服务。

鼓励巡游出租汽车经营者使用节能环保车辆和为残疾人提供服务的无障碍车辆。

第二十一条 巡游出租汽车经营者应当遵守下列规定：

（一）在许可的经营区域内从事经营活动，超出许可的经营区域的，起讫点一端应当在许可的经营区域内；

（二）保证营运车辆性能良好；

（三）按照国家相关标准运营服务；

（四）保障聘用人员合法权益，依法与其签订劳动合同或者经营合同；

（五）加强从业人员管理和培训教育；

（六）不得将巡游出租汽车交给未经从业资格注册的人员运营。

第二十二条 巡游出租汽车运营时，车容车貌、设施设备应当符合以下要求：

（一）车身外观整洁完好，车厢内整洁、卫生，无异味；

（二）车门功能正常，车窗玻璃密闭良好，无遮蔽物，升降功能有效；

（三）座椅牢固无塌陷，前排座椅可前后移动，靠背倾度可调，安全带和锁扣齐全、有效；

（四）座套、头枕套、脚垫齐全；

（五）计程计价设备、顶灯、运营标志、服务监督卡（牌）、车载信息化设备等完好有效。

第二十三条 巡游出租汽车驾驶员应当按照国家出租汽车服务标准提供服务，并遵守下列规定：

（一）做好运营前例行检查，保持车辆设施、设备完好，车容整洁，备齐发票、备足零钱；

（二）衣着整洁，语言文明，主动问候，提醒乘客系好安全带；

（三）根据乘客意愿升降车窗玻璃及使用空调、音响、视频等服务设备；

（四）乘客携带行李时，主动帮助乘客取放行李；

（五）主动协助老、幼、病、残、孕等乘客上下车；

（六）不得在车内吸烟，忌食有异味的食物；

（七）随车携带道路运输证、从业资格证，并按规定摆放、粘贴有关证件和标志；

（八）按照乘客指定的目的地选择合理路线行驶，不得拒载、议价、途中甩客、故意绕道行驶；

（九）在机场、火车站、汽车客运站、港口、公共交通枢纽等客流集散地载客时应当文明排队，服从调度，不得违反规定在非指定区域揽客；

（十）未经乘客同意不得搭载其他乘客；

（十一）按规定使用计程计价设备，执行收费标准并主动出具有效车费票据；

（十二）遵守道路交通安全法规，文明礼让行车。

第二十四条 巡游出租汽车驾驶员遇到下列特殊情形时，应当按照下列方式办理：

（一）乘客对服务不满意时，虚心听取批评意见；

（二）发现乘客遗失财物，设法及时归还失主。无法找到失主的，及时上交巡游出租汽车企业或者有关部门处理，不得私自留存；

（三）发现乘客遗留可疑危险物品的，立即报警。

第二十五条 巡游出租汽车乘客应当遵守下列规定：

（一）不得携带易燃、易爆、有毒等危害公共安全的物品乘车；

（二）不得携带宠物和影响车内卫生的物品乘车；

（三）不得向驾驶员提出违反道路交通安全法规的要求；

(四)不得向车外抛洒物品,不得破坏车内设施设备;

(五)醉酒者或者精神病患者乘车的,应当有陪同(监护)人员;

(六)遵守电召服务规定,按照约定的时间和地点乘车;

(七)按照规定支付车费。

第二十六条 乘客要求去偏远、冷僻地区或者夜间要求驶出城区的,驾驶员可以要求乘客随同到就近的有关部门办理验证登记手续;乘客不予配合的,驾驶员有权拒绝提供服务。

第二十七条 巡游出租汽车运营过程中有下列情形之一的,乘客有权拒绝支付费用:

(一)驾驶员不按照规定使用计程计价设备,或者计程计价设备发生故障时继续运营的;

(二)驾驶员不按照规定向乘客出具相应车费票据的;

(三)驾驶员因发生道路交通安全违法行为接受处理,不能将乘客及时送达目的地的;

(四)驾驶员拒绝按规定接受刷卡付费的。

第二十八条 巡游出租汽车电召服务应当符合下列要求:

(一)根据乘客通过电信、互联网等方式提出的服务需求,按照约定时间和地点提供巡游出租汽车运营服务;

(二)巡游出租汽车电召服务平台应当提供24小时不间断服务;

(三)电召服务人员接到乘客服务需求后,应当按照乘客需求及时调派巡游出租汽车;

(四)巡游出租汽车驾驶员接受电召任务后,应当按照约定时间到达约定地点。乘客未按约定候车时,驾驶员应当与乘客或者电召服务人员联系确认;

(五)乘客上车后,驾驶员应当向电召服务人员发送乘客上车确认信息。

第二十九条 巡游出租汽车经营者应当自觉接受社会监督,公布服务监督电话,指定部门或者人员受理投诉。

巡游出租汽车经营者应当建立24小时服务投诉值班制度,接到乘客投诉后,应当及时受理,10日内处理完毕,并将处理结果告知乘客。

第四章 运营保障

第三十条 县级以上地方人民政府出租汽车行政主管部门应当在本级人民政府的领导下,会同有关部门合理规划、建设巡游出租汽车综合服务区、停车场、停靠点等,并设置明显标识。

巡游出租汽车综合服务区应当为进入服务区的巡游出租汽车驾驶员提供餐饮、休息等服务。

第三十一条 县级以上地方人民政府出租汽车行政主管部门应当配合有关部门,按照有关规定,并综合考虑巡游出租汽车行业定位、运营成本、经济发展水平等因素合理制定运价标准,并适时进行调整。

县级以上地方人民政府出租汽车行政主管部门应当配合有关部门合理确定巡游出租汽车电召服务收费标准,并纳入出租汽车专用收费项目。

第三十二条 巡游出租汽车经营者应当建立健全和落实安全生产管理制度,依法加强管理,履行管理责任,提升运营服务水平。

第三十三条 巡游出租汽车经营者应当按照有关法律法规的规定保障驾驶员的合法权

益,规范与驾驶员签订的劳动合同或者经营合同。

巡游出租汽车经营者应当通过建立替班驾驶员队伍、减免驾驶员休息日经营承包费用等方式保障巡游出租汽车驾驶员休息权。

第三十四条 巡游出租汽车经营者应当合理确定承包、管理费用,不得向驾驶员转嫁投资和经营风险。

巡游出租汽车经营者应当根据经营成本、运价变化等因素及时调整承包费标准或者定额任务等。

第三十五条 巡游出租汽车经营者应当建立车辆技术管理制度,按照车辆维护标准定期维护车辆。

第三十六条 巡游出租汽车经营者应当按照《出租汽车驾驶员从业资格管理规定》,对驾驶员等从业人员进行培训教育和监督管理,按照规范提供服务。驾驶员有私自转包经营等违法行为的,应当予以纠正;情节严重的,可按照约定解除合同。

第三十七条 巡游出租汽车经营者应当制定包括报告程序、应急指挥、应急车辆以及处置措施等内容的突发公共事件应急预案。

第三十八条 巡游出租汽车经营者应当按照县级以上地方人民政府出租汽车行政主管部门要求,及时完成抢险救灾等指令性运输任务。

第三十九条 各地应当根据实际情况发展巡游出租汽车电召服务,采取多种方式建设巡游出租汽车电召服务平台,推广人工电话召车、手机软件召车等巡游出租汽车电召服务,建立完善电召服务管理制度。

巡游出租汽车经营者应当根据实际情况建设或者接入巡游出租汽车电召服务平台,提供巡游出租汽车电召服务。

第五章 监督管理

第四十条 县级以上地方人民政府出租汽车行政主管部门应当加强对巡游出租汽车经营行为的监督检查,会同有关部门纠正、制止非法从事巡游出租汽车经营及其他违法行为,维护出租汽车市场秩序。

第四十一条 县级以上地方人民政府出租汽车行政主管部门应当对巡游出租汽车经营者履行经营协议情况进行监督检查,并按照规定对巡游出租汽车经营者和驾驶员进行服务质量信誉考核。

第四十二条 巡游出租汽车不再用于经营的,县级以上地方人民政府出租汽车行政主管部门应当组织对巡游出租汽车配备的运营标志和专用设备进行回收处置。

第四十三条 县级以上地方人民政府出租汽车行政主管部门应当建立投诉举报制度,公开投诉电话、通信地址或者电子邮箱,接受乘客、驾驶员以及经营者的投诉和社会监督。

县级以上地方人民政府出租汽车行政主管部门受理的投诉,应当在 10 日内办结;情况复杂的,应当在 30 日内办结。

第四十四条 县级以上地方人民政府出租汽车行政主管部门应当对完成政府指令性运输任务成绩突出,经营管理、品牌建设、文明服务成绩显著,有拾金不昧、救死扶伤、见义勇为等先进事迹的出租汽车经营者和驾驶员,予以表彰和奖励。

第六章 法律责任

第四十五条 违反本规定,有下列行为之一的,由县级以上地方人民政府出租汽车行政主管部门责令改正,并处以5000元以上20000元以下罚款。构成犯罪的,依法追究刑事责任:

(一)未取得巡游出租汽车经营许可,擅自从事巡游出租汽车经营活动的;

(二)起讫点均不在许可的经营区域从事巡游出租汽车经营活动的;

(三)使用未取得道路运输证的车辆,擅自从事巡游出租汽车经营活动的;

(四)使用失效、伪造、变造、被注销等无效道路运输证的车辆从事巡游出租汽车经营活动的。

第四十六条 巡游出租汽车经营者违反本规定,有下列行为之一的,由县级以上地方人民政府出租汽车行政主管部门责令改正,并处以10000元以上20000元以下罚款。构成犯罪的,依法追究刑事责任:

(一)擅自暂停、终止全部或者部分巡游出租汽车经营的;

(二)出租或者擅自转让巡游出租汽车车辆经营权的;

(三)巡游出租汽车驾驶员转包经营未及时纠正的;

(四)不按照规定保证车辆技术状况良好的;

(五)不按照规定配置巡游出租汽车相关设备的;

(六)不按照规定建立并落实投诉举报制度的。

第四十七条 巡游出租汽车驾驶员违反本规定,有下列情形之一的,由县级以上地方人民政府出租汽车行政主管部门责令改正,并处以200元以上2000元以下罚款:

(一)拒载、议价、途中甩客或者故意绕道行驶的;

(二)未经乘客同意搭载其他乘客的;

(三)不按照规定使用计程计价设备、违规收费的;

(四)不按照规定出具相应车费票据的;

(五)不按照规定携带道路运输证、从业资格证的;

(六)不按照规定使用巡游出租汽车相关设备的;

(七)接受巡游出租汽车电召任务后未履行约定的;

(八)不按照规定使用文明用语,车容车貌不符合要求的。

第四十八条 巡游出租汽车驾驶员违反本规定,有下列情形之一的,由县级以上地方人民政府出租汽车行政主管部门责令改正,并处以500元以上2000元以下罚款:

(一)在机场、火车站、汽车客运站、港口、公共交通枢纽等客流集散地不服从调度私自揽客的;

(二)转让、倒卖、伪造巡游出租汽车相关票据的。

第四十九条 出租汽车行政主管部门的工作人员违反本规定,有下列情形之一的,依照有关规定给予行政处分;构成犯罪的,依法追究刑事责任:

(一)未按规定的条件、程序和期限实施行政许可的;

(二)参与或者变相参与巡游出租汽车经营的;

(三)发现违法行为不及时查处的;

(四)索取、收受他人财物,或者谋取其他利益的;

(五)其他违法行为。

第五十条 地方性法规、政府规章对巡游出租汽车经营违法行为需要承担的法律责任与本规定有不同规定的,从其规定。

第七章 附 则

第五十一条 网络预约出租汽车以外的其他预约出租汽车经营服务参照本规定执行。

第五十二条 本规定中下列用语的含义:

(一)"巡游出租汽车经营服务",是指可在道路上巡游揽客、站点候客,喷涂、安装出租汽车标识,以七座及以下乘用车和驾驶劳务为乘客提供出行服务,并按照乘客意愿行驶,根据行驶里程和时间计费的经营活动;

(二)"预约出租汽车经营服务",是指以符合条件的七座及以下乘用车通过预约方式承揽乘客,并按照乘客意愿行驶、提供驾驶劳务,根据行驶里程、时间或者约定计费的经营活动;

(三)"网络预约出租汽车经营服务",是指以互联网技术为依托构建服务平台,整合供需信息,使用符合条件的车辆和驾驶员,提供非巡游的预约出租汽车服务的经营活动;

(四)"巡游出租汽车电召服务",是指根据乘客通过电信、互联网等方式提出的服务需求,按照约定时间和地点提供巡游出租汽车运营服务;

(五)"拒载",是指在道路上空车待租状态下,巡游出租汽车驾驶员在得知乘客去向后,拒绝提供服务的行为;或者巡游出租汽车驾驶员未按承诺提供电召服务的行为;

(六)"绕道行驶",是指巡游出租汽车驾驶员未按合理路线行驶的行为;

(七)"议价",是指巡游出租汽车驾驶员与乘客协商确定车费的行为;

(八)"甩客",是指在运营途中,巡游出租汽车驾驶员无正当理由擅自中断载客服务的行为。

第五十三条 本规定自2015年1月1日起施行。

附件:(略)

10.《关于〈网络预约出租汽车经营服务管理暂行办法〉第三十四条第(一)项适用主体的意见》(交法函〔2017〕564 号)

关于《网络预约出租汽车经营服务管理暂行办法》第三十四条第(一)项适用主体的意见

山西省交通运输厅:

你厅《关于〈网络预约出租汽车经营服务管理暂行办法〉第三十四条适用主体如何界定的请示》(晋交政法发〔2017〕240 号)收悉。经研究,现答复如下:

未取得《网络预约出租汽车经营许可证》的经营者、未取得《网络预约出租汽车运输证》的车辆、未取得《网络预约出租汽车驾驶员证》的驾驶员擅自从事或者变相从事网约车经营活动的,均适用《网络预约出租汽车经营服务管理暂行办法》第三十四条第(一)项规定。

交通运输部

2017 年 7 月 31 日

第二部分

标准规范

1.《出租汽车运营服务规范》(GB/T 22485—2013)

出租汽车运营服务规范(GB/T 22485—2013)

1 范围

本标准规定了出租汽车运营服务的总则、服务方式、运输车辆、服务站点、服务人员要求、服务流程、电召服务特别要求、运输安全和服务评价等。

本标准适用于出租汽车旅客运输服务。

2 规范性引用文件

下列文件对于本文件的应用是必不可少的。凡是注日期的引用文件,仅注日期的版本适用于本文件。凡是不注日期的引用文件,其最新版本(包括所有的修改单)适用于本文件。

GB 7258 机动车运行安全技术条件

GB 8410 汽车内饰材料的燃烧特性

GB/T 10001.1 公共信息图形符号 第1部分:通用符号

GB/T 18344 汽车维护、检测、诊断技术规范

GB 1835.2 轻型汽车污染物排放限值及测量方法(中国Ⅲ、Ⅳ阶段)

JJG 517 出租汽车计价器

JT/T 794 道路运输车辆卫星定位系统车载终端技术要求

3 术语和定义

下列术语和定义适用于文件。

3.1

出租汽车运营服务 taxi service

以小型营运客车和驾驶劳务为乘客提供出行服务,并按乘客意愿行驶,根据行驶里程或者行驶时间计费的运输经营活动。

[JT/T 325—2010,定义4.2]

3.2

出租汽车 taxi

用于出租汽车运营服务的运输车辆。

3.3

无障碍出租汽车 accessible taxi

配备专用装置,能够满足行动不便乘客出行服务需求的出租汽车。

3.4

出租汽车经营者 taxi business entities

经营者 business entities

依法取得出租汽车客运经营资格、提供出租汽车运营服务的企业或个人。

3.5

出租汽车服务人员 taxi service personnel(agent)

服务人员 service personnel(agent)

直接或间接为乘客提供出租汽车运营服务的人员。包括出租汽车驾驶员以及站点服务、企业管理、调度服务等人员。

3.6

出租汽车驾驶员 taxi driver

驾驶员 driver

依法取得出租汽车从业资格,驾驶出租汽车为乘客提供服务的人员。

3.7

服务质量 service quality

为乘客提供的服务与服务标准符合的程度。

3.8

企业服务质量信誉考核 enterprise service quality and credit assessment

对企业的管理制度、安全运营、经营行为、运营服务和社会责任等方面的综合评价。

3.9

驾驶员服务质量信誉考核 taxi driver service quality and credit assessment

对驾驶员在出租汽车服务中遵纪守法、安全生产、经营行为和运营服务等方面的综合评价。

3.10

出租汽车服务站点 taxi service sites

有明显标志,允许出租汽车停靠、候客、载客的场所。

3.11

待租状态 for hire

出租汽车运营标志显示“空车”字样,可提供载客服务的状态。

3.12

暂停运营状态 out of service

出租汽车运营标志显示“暂停”字样,不提供载客服务的状态。

3.13

合理路线 reasonable route

从乘客上车地点到目的地里程最短或经济、便捷行驶路线,或按乘客意愿另行选择的行驶路线。

3.14

绕路 detour

出租汽车驾驶员未按合理路线行驶的行为。

3.15

议价　negotiated price

出租汽车驾驶员与乘客协商收费的行为。

3.16

拒载　refusal to take passenger

在待租状态下,出租汽车驾驶员在得知乘客动向后,拒绝提供服务的行为;或出租汽车驾驶员未按承诺提供电召服务的行为。

注:电召服务(5.2)是出租汽车服务方式之一。

3.17

甩客　stopping service in midway

运营途中,出租汽车驾驶员无正当理由擅自中断载客服务的行为。

4　总则

4.1　出租汽车经营者和服务人员应依法经营,诚实守信,公平竞争,为乘客提供安全、快捷、舒适、文明、持续改进的出租汽车运营服务。

4.2　出租汽车经营者和服务人员应贯彻执行国家法律法规和政策的有关规定,接受管理部门的监督检查。

4.3　出租汽车经营者应使用符合国家规定要求的车辆和服务设施。鼓励出租汽车经营者使用节能环保车辆、无障碍车辆。

4.4　出租汽车经营者和服务人员应当积极参与精神文明建设和社会公益活动。

5　服务方式

5.1　扬手招车服务

处于待租状态的出租汽车在允许停靠的路段上,应停车为扬手招车乘客提供出租汽车运营服务。

5.2　电召服务

应根据乘客通过电讯、网络等方式提出的预约要求,按照约定时间和地点提供出租汽车运营服务。

5.3　站点服务

在出租汽车服务站点,应按乘客要求提供出租汽车运营服务。

5.4　包车服务

出租汽车驾驶员应根据乘客的特殊需求,由双方约定费用,在一段时间内或者较长线路上,为乘客提供特定的出租汽车运营服务。

6　运输车辆

6.1　基本要求

6.1.1　车辆技术条件应符合 GB 7258 的规定和出租汽车行业管理部门的相关要求。车辆维护、检测诊断应符合 GB/T 183344 的规定。车辆污染物排放限值应符合 GB 18352.3 的规定。车辆内饰材料应符合 GB 8410 的规定。

6.1.2 车辆应取得当地公安部门核发的机动车牌照和行驶证,取得当地出租汽车行业管理部门核发的营运证件。

6.1.3 车辆应按规定配置出租汽车标志顶灯、空车待租标志、计价器、具有行驶记录功能的车载卫星定位系统、安全防范设施和消防器材等。

6.2 专用设施要求

6.2.1 出租汽车标志顶灯应与空车待租标志联运,夜间应有照明。出租汽车标志顶灯应有“TAXT”字样。

6.2.2 计价器应符合 JJG 517 的规定;安装位置应方便乘客查看;数字显示清晰;发票打印准确;铅封有效并定期检验;不得私自改装、调整和维修。

6.2.3 车载卫星定位系统应符合 JT/T 794 及其他有关规定。

6.2.4 安全防范设施应具备防劫防盗功能,鼓励实现与车载卫星定位系统的联运。

6.2.5 刷卡消费设备功能正常、有效。

6.2.6 无障碍出租汽车升降机、厢门搭扣等专用装置功能正常,轮椅、拐杖安放空间充足,固定牢靠无松动。

6.3 车容车貌要求

6.3.1 车身外观整洁完好。

6.3.2 车前后内外照明灯齐全,功能完好。

6.3.3 轮胎盖齐全完好。

6.3.4 车门功能正常。车窗玻璃密闭良好,洁净明亮、无遮蔽物,升降功能有效。玻璃刮水器功能完好。

6.3.5 车厢内整洁、卫生,无杂物、异味。

6.3.6 仪表完好。仪表台、后风档窗台不放置与运营无关的物品。

6.3.7 遮阳板、化妆镜、顶棚齐全完好。

6.3.8 座椅牢固无塌陷。前排座椅可前后移动、靠背倾度可调。安全带和锁扣安全、有效。

6.3.9 座套、头枕套、脚垫齐全、整洁。

6.3.10 行李厢整洁,照明有效,开启装置完好。行李厢内可供乘客放置行李物品的空间不少于行李厢的三分之二。

6.3.11 按规定张贴和涂装广告,不遮挡服务标识。车厢视频设备可按乘客意愿开关。

6.4 服务标志要求

6.4.1 车身颜色及喷涂式样应符合当地出租汽车行业管理部门规定。

6.4.2 空车待租标志、暂停运营标志和电召服务标志应大小适宜、显示明亮、字迹清楚。

6.4.3 出租汽车经营者名称或简称、价格标准、服务监督电话和乘客须知信息等,应在车厢内外显著位置明示。

6.4.4 道路运输证、从业资格证、服务监督卡(牌)、机动车检验合格标志、强制保险标志、车船使用税缴讫证、环保检验合格标志等,按规定要求携带、摆放、粘贴。

6.4.5 无障碍出租汽车应设有专用标志。

7 服务站点

7.1 宜在客流量大的交通集散地、公共场所服务地设置出租汽车服务站点。在商业、医院、活动中心和密集的居民社区内宜设有列式或者港湾式、岛式的乘客候车站台。

7.2 设置车辆停靠区、载客区、候车区等。

7.3 平面布局便于有序排队乘车与车辆停放。

7.4 设置统一式样的文字标志、导向标志。标志设置应明显清晰，宜有中英文。标志应符合 GB/T 10001.1 的有关规定。

7.5 不得擅自关闭服务站点或改变其用途。

8 服务人员要求

8.1 驾驶员业务素质与培训

8.1.1 经过从业资格培训，取得从业资格证件。

8.1.2 遵守国家法律、法规和运营服务规范。

8.1.3 熟知运营区域的交通地理、地方特色等知识。

8.1.4 掌握基本的机动车维修知识。

8.1.5 掌握基本的医疗急救知识。

8.1.6 尊重乘客的宗教信仰和风俗习惯。

8.2 驾驶员服务仪容

8.2.1 精神饱满、举止文明、礼貌待客。

8.2.2 按规定着装，正确佩带服务标志。

8.2.3 运营前和运营过程中忌食有异味的食物。

8.3 驾驶员服务用语和言行举止

8.3.1 提倡使用普通话。可根据乘客需求，使用地方方言或外语。

8.3.2 服务用语应规范准确，文明礼貌。服务时语气平和、表达清楚、声量适度、语速适中。驾驶员服务用语参见表 A.1。

8.3.3 不得在乘客面前有不文明行为和语言。

8.3.4 热情、耐心回答乘客问题。乘客间交谈时，忌随便插话。

8.3.5 不得在车厢内吸烟，不得向车外抛物、吐痰。

8.4 站点服务人员要求

8.4.1 服务仪容按照 8.2 执行，服务用语和言行举止按照 8.3 执行。

8.4.2 按次序调派车辆，引导乘客有序乘车。

9 服务流程

9.1 运营准备

9.1.1 检查车容车貌。

9.1.2 检查车辆技术状况，并备好随车设施、工具。检查项目参见表 B.1。

9.1.3 检查机动车行驶证、车辆运营证以及服务质量监督卡等随车证件。

9.1.4 备齐发票、备足零钱。

9.1.5 检查车辆燃油或燃气。

9.2 运营中

9.2.1 在允许停车路段或服务站点停车载客。

9.2.2 在服务站点载客时，应文明排队，服从调度指挥。

9.2.3 乘客上车前，不得有询问乘客目的地等挑客行为。

9.2.4 乘客上车时，车辆应与道路平行靠边停靠，并引导乘客由右侧上车。

9.2.5 乘客携带行李时，应主动协助其将行李放入行李厢内。行李厢应由驾驶员开启和锁闭。

9.2.6 主动协助老、幼、病、残、孕等乘客上下车。

9.2.7 乘客上车后，面向乘客主动问候。

9.2.8 提醒并在必要时协助乘客系好安全带。

9.2.9 问清目的地，选择合理路线，按规定开始使用计价器。不得议价（包车服务除外）。

9.2.10 不得绕路。运营中遇交通堵塞、道路临时封闭等需改变原行驶路线时，需征得乘客同意。

9.2.11 根据乘客意愿升降车窗玻璃、使用音响、视频和空调等相关服务设备。

9.2.12 因车辆或驾驶员原因造成车辆停驶时，应暂停计价器计费。

9.2.13 劝阻和制止乘客将身体伸出车外、乱扔废弃物、在车内吸烟等行为。

9.2.14 未经乘客同意，不得招揽他人同乘。

9.2.15 应乘客要求停车等候时，未到约定时间不得擅自离开。

9.2.16 出省、市、县境或夜间去偏远、冷僻地区时，宜按规定办理登记或相关手续。

9.2.17 不得中途甩客或无故终止出租汽车运营服务。

9.2.18 遇下列情形，可拒绝提供出租汽车运营服务：

——乘客在禁止停车的路段扬手招车；

——乘客携带易燃、易爆、有毒有害、放射性、传染性等违禁物品乘车；

——醉酒者、精神病患者等在无人陪同或监护下乘车；

——乘客目的地超出省、市、县境或夜间去偏远、冷僻地区而不按规定办理登记或相关手续。

9.3 运营结束

9.3.1 在允许停车路段按乘客目的地就近靠路边停车，终止计价器计费。

9.3.2 车辆应与道路平等靠边停靠，并引导乘客由右侧下车。雨天停车时，车门应避开积水区域。

9.3.3 按计价器显示金额及相关规定收费，并出具发票。

9.3.4 乘客下车时，提醒乘客开车门时注意安全、携带好随身物品，并主动协助乘客提取行李。检视车厢内物品，向乘客道别。

9.4 暂停运营

因交接班、车辆故障、驾驶员用餐或休息等原因不能提供出租汽车运营服务时，应使用暂停运营标志。

9.5 运营特殊情况处理

9.5.1 乘客语言不通,无法确认目的地时,应帮助查询。

9.5.2 乘客因醉酒等原因神智不清、无法明确去向时,应尽可能帮助查询或向公安部门求助。

9.5.3 乘客身体不适时,应协助乘客拨打急救电话,视情采取相应急救措施。

9.5.4 乘客对找零钞票提出更换要求时,应予以满足。

9.5.5 乘客对服务不满意时,应虚心听取批评意见。被乘客误解时,应心平气和,耐心解释。

9.5.6 计价器发生故障时,应送检报修,不得继续营运。

9.5.7 发现乘客遗失财物,应设法及时归还失主。无法找到失主的,应及时上交出租汽车企业或有关部门处理,不得私自留存。

9.5.8 发现乘客遗留的可疑物品或危险物品的,应立即报警。

10 电召服务特别要求

10.1 出租汽车企业宜提供24h不间断电召预约服务。

10.2 电召服务人员接到乘客预约后,应及时调派驾驶员。无法满足乘客需求的,应告知乘客。

10.3 驾驶员接受调度任务后,应准时到达约定地点。乘客未按约定乘车时,驾驶员应与乘客或电召服务人员联系确认。

10.4 乘客上车后,驾驶员宜向电召服务人员发送乘客上车确认信息。

11 运输安全

11.1 驾驶员行车安全

11.1.1 基本要求

11.1.1.1 行车中坚持安全第一、预防为主,应急处置中先人后物。

11.1.1.2 遵守道路交通安全法律法规规定,安全驾驶,平稳行车。

11.1.1.3 严禁酒后驾驶、带病驾驶、疲劳驾驶和超速驾驶。

11.1.1.4 不得有强行超车、争道抢先、随意变通、驾车时拨打接听电话等行为。

11.1.2 复杂天气和危险路段的安全行车要求

11.1.2.1 遇情况不明、视线不良、起步会车、交叉路口、危险或繁华地段时,应减速慢行。

11.1.2.2 遇雨、雾、风沙天气时,应注意路面情况与行人、车辆动态,打开灯光,减速慢行,适当延长车距,尽量避免超车。

11.1.2.3 雪中行车时,宜沿已有车辙低速行驶,避免急加速或急减速。

11.1.2.4 穿越铁路时,应连续通过,不得在火车通过区内停车。通过无人值守的铁路道口时,应在道口前停车瞭望,确认安全后方可通过。如发生车辆故障,应请乘客迅速下车至安全区域,并采取相应措施。

11.1.2.5 通过交叉路口时,应观察前方,留意左右两侧的车辆和行人,控制好车速,注意避让,不争道抢行。

11.1.2.6 通过凹凸不平路段时,应紧握转向盘,低速行驶。

11.1.2.7 遇积水路段时,应提前停车查看,确认安全后,低速通过。驶离积水路段后,应连续轻踏制动踏板,保持车辆制动性能良好。

11.1.2.8 通过急弯时,应减速慢行,不得超车;遇视线不良变产时,应提前鸣笛,靠右侧行驶。

11.1.2.9 下坡时应控制车速,不得空挡滑行。上坡时应提前减挡,低挡行驶。

11.1.3 车辆突发情况处置

11.1.3.1 发生爆胎时,应紧握转向盘,控制方向,轻踏制动踏板,使车辆缓慢减速,避免紧急制动。

11.1.3.2 制动失灵时,应紧握转向盘,控制方向,尽量减速,设法尽快停车。

11.1.3.3 发生火灾时,应立即停车,关闭发动机,协助乘客安全撤离,并采取有效措施灭火。

11.1.3.4 发生落水时,应立即设法开启车门或敲碎车窗玻璃,协助乘客安全撤离。

11.1.3.5 发生故障或交通事故时,应协助乘客下车至安全区域,并迅速打开危险警告信号灯,按规定放置三角警告牌。乘客受伤时,应立即拨打急救和报警电话,并视情况采取相应急救措施。

11.2 经营者安全管理

11.2.1 建立安全管理和治安防范等规章制度。

11.2.2 定期开展安全法规、规章制度、安全操作规程、职业道德的教育和培训,提高服务人员安全意识、业务技能和职业素养。

11.2.3 组织驾驶员定期例检。

11.2.4 定期检查、保养车辆,并建立完整的国画维修、保养记录。

11.2.5 定期检查车辆消防器材,对过期消防器材应及时报废、更新。

11.2.6 宜利用出租汽车服务管理信息系统,加强对车辆运行状况的动态监测。

11.2.7 为车辆和乘客按规定购买相应保险,发生事故后按责任认定承担相应责任,并协助办理保险赔付。

11.2.8 建立乘客失物登记、保管、查找制度,及时处理乘客失物查询,并在72h内答复。对涉嫌恶意侵占乘客财物的,报请公安部门依法处理。

12 服务评价

12.1 基本要求

12.1.1 出租汽车经营者应定期开展服务质量评价,并不断改进服务。

12.1.2 出租汽车经营者和驾驶员应保证服务质量统计数据和原始记录真实、准确,接受出租汽车行业管理部门的服务质量信誉考核,包括企业服务质量信誉考核和驾驶员服务质量信誉考核。

12.1.3 出租汽车经营者应自觉接受社会监督,按规定设置服务监督机构、公布服务监督电话。接到乘客投诉后,应在24h内处理,10日内处理完毕,并将处理结果告知乘客。

12.2 服务评价指标

12.2.1 车辆服务标志设置合格率100%。

12.2.2 标志顶灯、计价器合格率100%。

12.2.3 消防器材合格率100%。

12.2.4 车载卫星定位系统合格率大于或等于95%。

12.2.5 车容车貌合格率大于或等于95%。

12.2.6 驾驶员从业资格证件拥有率100%。

12.2.7 驾驶员仪容和行为举止合格率大于或等于95%。

12.2.8 致人死亡且负同等以上责任的道路交通事故每百万车公里小于0.01人次。

12.2.9 致人受伤且负同等以上责任的道路交通事故每百万车公里小于0.1人次。

12.2.10 道路交通责任事故每万车公里小于0.05次。

12.2.11 道路交通安全违法行为每万车公里小于0.2次。

12.2.12 乘客有效投诉率小于百万分之二十。

12.2.13 乘客投诉处理率100%。

12.2.14 乘客满意率大于或等于80%。

12.2.15 服务评价指标计算方法应符合附录C要求。

附　录　A
（资料性附录）
驾驶员服务用语

驾驶员服务用语见表 A.1。

表 A.1　驾驶员服务用语

序号	中　文	英　文
1	欢迎来＊＊！	Welcome to＊＊！
2	早上好！	Good morning！
3	下午好！	Good afternoon！
4	晚上好	Good evening！
5	您好，请上车。	Hello, please get in the car.
6	很高兴为您服务。	It's my pleasure to serve for you.
7	请问您去哪儿？	Where are you going, Sir/Ms. ?
8	请系好安全带。	Please fasten your seat belt.
9	您需要打开空调吗？	Would you like the air conditioning on?
10	您需要打开音响吗？	Would you like to turn on the radio?
11	请问您需要帮忙吗？	Can I help you?
12	您需要等候吗？	Do I need to wait for you?
13	请记住我的车牌号。	Please remember my plate number.
14	我在这里(那里)停车等您。	I will stay here/there to wait for you.
15	请不要在车内吸烟。	Please don't smoke in the car.
16	对不起，这里不允许停车。	Sorry, no parking is allowed here.
17	您的目的地到了。	Here we are.
18	请按计价器显示的金额付费。	Please pay by the taximeter.
19	这是找给您的零钱。	Here is your change.
20	请拿好发票。	Keep the receipt, please.
21	请带齐您的行李。	Don't forget to take your luggage, please！
22	请拿好自己的随身物品。	Please take all your belongings.
23	这是我应该做的。	It's my pleasure.
24	欢迎再次乘坐。	You are welcome to take my taxi next time.
25	欢迎您多提意见。	Your comments are always welcome.
26	谢谢，再见。	Thank you, good-bye.

附　录　B
(资料性附录)
车辆例行检查项目

车辆例行检查项目见表 B.1

表 B.1　车辆例行检查项目

序号	主 要 检 查 内 容
1	轮胎气压及磨损是否正常,固定螺母是否缺失或松动
2	风窗玻璃是否完好
3	车灯和反光器、标志顶灯、外后视镜是否完好
4	发动机、底盘有无遗洒、泄漏
5	发动机舱内线束是否捆绑牢固,无软化现象
6	机油、润滑油、冷却液、转向助力液、风窗清洗液、制动液等油液液面情况;燃油管路是否正常
7	发动机皮带、风扇皮带是否松紧适度、无龟裂
8	蓄电池、高低压线路有无异常
9	仪表、转向盘自由行程、驻车制动器、变速器操纵装置是否正常
10	离合器踏板、制动踏板、加速踏板行程是否正常
11	安全带、内后视镜等安全设施及装置是否正常
12	车门、车内灯能否正常开启,前排座椅能否调节
13	三角警告牌是否携带,灭火器是否完好
14	发动机启动后各仪表及报警灯工作状况是否正常,发动机、底盘运转部件有无异响、异味
15	计价器是否正常
16	车载卫星定位系统、电召服务设备是否正常
17	音响、空调是否正常
18	灯光及控制装置、喇叭按钮功能是否正常
19	风窗玻璃刮水器和洗涤器工作情况是否正常

附　录　C
(规范性附录)
服务评价指标计算方法

C.1　车辆服务标志设置合格率

车辆服务标志检查合格车数与检查总车数之比。计算见式(C.1):

$$A_1 = \frac{B_1}{C} \times 100\% \tag{C.1}$$

式中:A_1——车辆标志设置合格率;

B_1——车辆服务标志检查合格车数;

C——检查总车数。

C.2　标志顶灯、计价器合格率

标志顶灯、计价器检查合格车数与检查总车数之比。计算见式(C.2):

$$A_2 = \frac{B_2}{C} \times 100\% \tag{C.2}$$

式中:A_2——标志顶灯、计价器合格率;

B_2——标志顶灯、计价器检查合格车数。

C.3　消防器材合格率

消防器材检查合格车数与检查总车数之比。计算见式(C.3):

$$A_3 = \frac{B_3}{\mathrm{C}} \times 100\% \tag{C.3}$$

式中:A_3——消防器材合格率;

B_3——消防器材检查合格车数。

C.4　车载卫星定位系统合格率

车载卫星定位系统检查合格车数与检查总车数之比。计算见式(C.4):

$$A_4 = \frac{B_4}{C} \times 100\% \tag{C.4}$$

式中:A_4——车载卫星定位系统合格率;

B_4——车载卫星定位系统检查合格车数。

C.5　车容车貌合格率

车容车貌检查合格车数与检查总车数之比。计算见式(C.5):

$$A_5 = \frac{B_5}{C} \times 100\% \tag{C.5}$$

式中:A_5——车容车貌合格率;

B_5——车容车貌检查合格车数。

C.6　驾驶员从业资格证件拥有率

拥有从业资格证件驾驶员检查人数与检查总人数之比。计算见式(C.6):

$$D = \frac{E_1}{F} \times 100\% \tag{C.6}$$

式中：D——驾驶员从业资格证件拥有率；

E_1——拥有从业资格证件的检查人数；

F——检查总人数。

C.7 服务人员仪容和行为举止合格率

服务人员仪容和行为举止检查合格人数与检查总人数之比。计算见式(C.7)：

$$G = \frac{E_2}{F} \times 100\% \tag{C.7}$$

式中：G——服务人员仪容和行为举止合格率；

E_2——仪容和行为举止检查合格人数。

C.8 致人死亡且负同等以上责任的道路交通事故发生率

车辆平均行驶百万公里所发生的致人死亡且负同等以上责任的道路交通事故次数。计算见式(C.8)：

$$H = \frac{I_1}{J} \times 100\% \tag{C.8}$$

式中：H——致人死亡且负同等以上责任的道路交通事故发生率；

I_1——致人死亡且负同等以上责任的道路交通事故次数；

J——运行里程，单位为百万公里。

C.9 致人受伤且负同等以上责任的道路交通事故发生率

车辆平均行驶百万公里所发生的致人受伤且负同等以上责任的道路交通事故次数。计算见式(C.9)：

$$K = \frac{I_2}{J} \times 100\% \tag{C.9}$$

式中：K——致人受伤且负同等以上责任的道路交通事故发生率；

I_2——致人受伤且负同等以上责任的道路交通事故次数；

J——运行里程，单位为百万公里。

C.10 道路交通责任事故发生率

车辆平均行驶万公里所发生的道路交通责任事故次数。计算见式(C.10)：

$$L = \frac{M_1}{N} \times 100\% \tag{C.10}$$

式中：L——道路交通责任事故发生率；

M_1——道路交通责任事故次数；

N——运行里程，单位为万公里。

C.11 道路交通安全违法行为发生率

车辆平均行驶万公里所发生的道路交通安全违法行为的次数。计算见式(C.11)：

$$O = \frac{M_2}{N} \times 100\% \tag{C.11}$$

式中：O——道路交通安全违法行为发生率；

M_2——发生道路交通安全违法行为的次数；

N——运行里程，单位为万公里。

C.12　乘客有效投诉率

乘客有效投诉次数与营运次数之比。计算见式(C.12)：

$$P = \frac{Q}{R} \times 100\% \qquad (C.12)$$

式中：P——乘客有效投诉率；

Q——乘客有效投诉次数；

R——营运次数。

C.13　乘客投诉处理率

已经处理的乘客有效投诉次数与乘客有效投诉总数之比。计算见式(C.13)：

$$S = \frac{T}{U} \times 100\% \qquad (C.13)$$

式中：S——乘客投诉处理率；

T——已处理乘客有效投诉次数；

U——乘客有效投诉总数。

C.14　乘客满意率

按出租汽车经营者委托的第三方设计的乘客满意率调查问卷，答复满意人数与调查总人数之比。计算见式(C.14)：

$$V = \frac{W}{X} \times 100\% \qquad (C.14)$$

式中：V——乘客满意率；

W——答复满意人数；

X——调查总人数。

2.《网络预约出租汽车运营服务规范》(JT/T 1068—2016)

网络预约出租汽车运营服务规范(JT/T 1068—2016)

1 范围

本标准规定了网络预约出租汽车经营者、驾驶员、运输车辆、经营者服务流程、驾驶员服务流程及服务评价与投诉处理的要求。

本标准适用于网络预约出租汽车旅客运输服务。

2 规范性引用文件

下列文件对于本文件的应用是必不可少的。凡是注日期的引用文件,仅注日期的版本适用于本文件。凡是不注日期的引用文件,其最新版本(包括所有的修改单)适用于本文件。

GB/T 22485 出租汽车运营服务规范

JT/T 794 道路运输车辆卫星定位系统 车载终端技术要求

3 术语和定义

下列术语和定义适用于本文件。

3.1

出租汽车运营服务 taxi service

以七座及以下乘用车和驾驶劳务为乘客提供出行服务,并按乘客意愿行驶,根据行驶里程、行驶时间或约定计费的运输经营活动。

注:改写 GB/T 22485—2013,定义 3.1。

3.2

网络预约出租汽车运营服务 app-based ride-hailing operation service

企业以互联网技术为依托构建服务平台,并通过网络服务平台接受约车人预约请求,使用符合条件的车辆和驾驶员,提供不在道路上巡游揽客、站点候客的出租汽车运营服务。

3.3

网络预约出租汽车经营者 app-based ride-hailing operator

从事网络预约出租汽车经营服务的企业法人。

3.4

网络预约出租汽车 app-based ride-hailing vehicle

依法取得《网络预约出租汽车运输证》的车辆。

3.5

网络预约出租汽车驾驶员　app-based ride-hailing driver

依法取得《网络预约出租汽车驾驶员证》的驾驶员。

3.6

约车人　booking person

向网络服务平台发送预约用车请求的人,可以不是乘客本人。

3.7

即时用车服务　immediate ride-hailing service

约车时间与车辆按约定到达上车地点时间的间隔不大于30min的网络预约出租汽车服务。

3.8

订单　request

约车人通过网络服务平台,向网络预约出租汽车经营者提出的用车需求信息。

3.9

派单　request designating

网络预约出租汽车经营者接到订单后,根据约车人需求及所处位置等信息,指派相应驾驶员和车辆提供网络预约出租汽车服务的行为。

3.10

抢单　request bidding

网络预约出租汽车驾驶员接到网络预约出租汽车经营者推送的订单后,根据自身情况应答接单的行为。

3.11

甩客　terminating service without proper reason

运营途中,未经约车人或乘客同意,网络预约出租汽车驾驶员无正当理由擅自中断载客服务的行为。

3.12

乘客爽约　passenger's default appear

乘客未按约定乘坐预约车辆,且未提前告知网络预约出租汽车经营者或驾驶员的行为。

4　网络预约出租汽车经营者

4.1　总则

4.1.1　网络预约出租汽车经营者(简称经营者)的总体要求应符合GB/T 22485的相关规定。

4.1.2　应保证网络服务平台的运行可靠性,并提供24h不间断运营服务。

4.1.3　对于服务过程中发生的安全责任事故等,应承担先行赔付责任,不应以任何形式向乘客及驾驶员转移运输服务风险。

4.2　车辆管理

4.2.1　车辆应取得公安部门核发的机动车牌照和行驶证,应取得服务所在地出租汽车行业管理部门核发的营运证件。

4.2.2 应确保网络服务平台(又称线上)提供服务的车辆与实际(又称线下)提供服务的车辆一致。

注:可通过安装车载终端等手段,对车辆运行和服务过程进行实时动态监控。

4.2.3 应建立车辆定期检查、维护制度,并建立车辆技术档案,确保按规定对车辆进行性能检测。

4.3 驾驶员管理

4.3.1 应建立健全网络预约出租汽车驾驶员(简称驾驶员)岗前培训、继续教育制度,定期组织驾驶员开展有关法律法规、职业道德、服务规范、安全运营等方面的教育培训,并建立培训档案。

4.3.2 运营期间应确保线上提供服务的驾驶员与线下实际提供服务的驾驶员一致。

注:可通过实时采集驾驶员个人生物特征数据,与驾驶员上传身份资料进行对比。

4.4 信息安全

4.4.1 应建立信息安全保护制度,加强对个人信息、国家安全信息的保护。

注:个人信息包括驾驶员、约车人和乘客的姓名、联系方式、家庭住址、银行账户或者支付账户、地理位置、出行线路等;国家安全信息包括地理坐标、地理标志物等。

4.4.2 采集的驾驶员、约车人和乘客等信息及生成的相关业务数据,不应用于网络预约出租汽车服务之外的其他用途,不应出于商业目的出售、提供或转让给他人使用。

4.4.3 应采取有效措施防止驾驶员、约车人和乘客等个人信息泄露、损毁、丢失。在发生或可能发生信息泄露、损毁、丢失时,应立即采取措施补救,告知相关信息主体,并按规定向有关部门报告。

4.4.4 宜接受第三方信息安全审计,发布年度信息安全报告,接受社会监督。

4.5 其他要求

4.5.1 应通过经营者网站和客户端应用程序对收费标准、服务价格进行明示。

4.5.2 客户端应用程序应具备以下功能:

a) 车辆位置信息实时分享功能,经约车人或乘客确认后的他人可随时查看服务过程中的车辆动态位置信息;

b) 电话信息加密功能,能够实现对约车人或乘客个人电话号码等信息的保护;

c) “一键呼叫”功能,乘客遇紧急情况使用时,能够实现向经营者发送车辆实时动态信息及驾驶员信息。

4.5.3 应建立订单管理制度,制定派单规则,对预约成功率高、服务质量好的驾驶员,宜在订单分发时予以优先考虑。

4.5.4 不应拒绝约车人提出的72h之内的预约用车需求。

4.5.5 不应将约车人或乘客对单次服务行为的评价结果直接反馈至驾驶员。

5 驾驶员

5.1 驾驶员业务素质与培训、服务仪容、服务用语和言行举止应符合GB/T 22485中的相关要求。

5.2 应熟练使用预约服务驾驶员终端应用程序。

5.3 应携带《网络预约出租汽车运输证》、《网络预约出租汽车驾驶员证》。

6 运输车辆

6.1 车辆技术条件,车辆维护、检测、诊断,车辆污染物排放限值,车辆内饰材料,车容车貌应符合 GB/T 22485 的相关要求。

6.2 车内设施配置及车辆性能指标应体现高品质服务、差异化经营的定位,宜提供互联网无线接入、手机充电器、纸巾、雨伞等供乘客使用。

6.3 应安装应急报警装置和具有行驶记录功能的车辆卫星定位装置,卫星定位装置宜符合 JT/T 794。

6.4 不应在车内悬挂或者放置影响行车安全的设施设备。

6.5 车辆标志应符合服务所在地出租汽车行政主管部门的规定。

7 经营者服务流程及要求

7.1 接受订单

接受约车人提交的订单,订单信息应包括但不限于:

a) 乘客用车时间;

b) 乘客上下车地点;

c) 乘客对车辆类型、驾驶员服务质量等级等提出的个性化需求;

d) 约车人或乘客联系方式。

7.2 订单分配

7.2.1 对符合分发条件的车辆,应将订单信息推送至驾驶员终端。订单信息不应向处于载客状态的车辆推送。

7.2.2 收到驾驶员接单信息,确认驾驶员接单行为有效后,应向驾驶员与约车人双方告知约车成功信息,并向约车人或乘客提供驾驶员姓名、照片、联系号码、服务评价结果以及完整车辆牌照等信息,对于乘客下车地点确定的,还应提供相应预估费用。

7.2.3 无法满足约车需求的,应及时告知约车人。

7.3 订单取消或行程变更

7.3.1 车辆按约定到达上车地点前收到约车人取消订单信息的,应及时通知驾驶员取消行程。

7.3.2 乘客上车后行程发生变化的,费用按实际行程收取。

7.4 订单完成

7.4.1 到达下车地点后,应通过手机短信或客户端应用程序告知本次用车服务费用。

7.4.2 在乘客确认订单金额并完成支付后,应向乘客提供车辆许可地出租汽车发票,约车人、乘客另有要求的除外。

7.4.3 对于实际费用明显超过预估价格的宜主动核查,并将核查结果及时向约车人或乘客告知。

8 驾驶员服务流程及要求

8.1 运营服务

8.1.1 驾驶员行车安全及运营服务应符合 GB/T 22485 的相关要求。

8.1.2 驾驶员应在允许停车地点等候订单,不应巡游揽客、站点候客。

8.1.3 收到订单信息后:

——经营者采用派单机制的,应通过驾驶员终端确认接单;

——采用抢单机制的,可根据自身情况应答接单。

8.1.4 约车成功后,应主动与约车人或乘客确认上车时间、地点等信息。对于即时用车服务,还应告知自身位置及预计到达时间。不应以不认路或其他理由要求乘客取消订单。

8.1.5 根据订单信息,按约定时间到达上车地点,在允许停车路段候客,并主动与乘客联系,双方确认身份。未到约定上车地点时,不应提前确认车辆已到达。

8.1.6 乘客上车后,向经营者发送乘客上车确认信息,并提示可使用客户端应用程序中的车辆位置信息实时分享功能。

8.1.7 运营过程中应根据网络服务平台规划线路或乘客意愿选择合理路线,不得故意绕路,不得中途甩客。

8.1.8 乘客下车时,提醒乘客可使用客户端等,通过匿名打分和意见反馈等方式对本次服务行为进行评价。

8.2 特殊情况处理

8.2.1 特殊情况处理应符合 GB/T 22485 的相关要求。

8.2.2 车辆不能按时到达约定地点时,驾驶员应提前联系经营者,经营者应致电约车人或乘客表示歉意并说明情况,提供相应解决方案。

8.2.3 遇道路、气候、驾驶员身体、交通事故、车辆故障等特殊情况不能完成订单的,驾驶员应及时向经营者说明原因,并向乘客说明。

8.2.4 乘客未按约定到达上车地点时,驾驶员应与乘客或经营者联系确认,等候时间可按照双方约定,超出约定等候时间乘客依然未到达,应与经营者联系,经同意后方可离去。

8.2.5 发现乘客遗失财物,应主动联系约车人或乘客,设法及时归还。无法联系的,应及时联系经营者或有关部门处理。

9 服务评价与投诉处理

9.1 基本要求

9.1.1 经营者应保证订单日志、网上交易日志、行驶轨迹日志等原始记录以及乘客评价信息等服务质量统计数据和原始记录真实、准确。

9.1.2 经营者应公开服务质量承诺,按规定设置服务监督与投诉处理机构,公布服务监督电话及其他投诉方式与处理流程。

9.1.3 经营者宜通过第三方服务质量评价,不断改进服务。

9.2 投诉处理

9.2.1 约车人或乘客对服务质量、行车线路、用车费用等有疑问或不满的,可通过拨打经营者服务监督电话、出租汽车行政主管部门电话等方式进行咨询、投诉。

9.2.2 对于出现骚扰、吸毒、超速等方面投诉的,经营者应暂停该驾驶员提供服务,认真调查核实。

9.2.3 接到乘客咨询、投诉后,经营者应在24h 内处理,5 日内处理完毕,并将处理结果告知乘客。

9.3 服务评价指标

9.3.1 预约响应率100%,计算方法按A.1。

9.3.2 约车成功率不小于80%,计算方法按A.2。

9.3.3 车辆相符率100%,计算方法按A.3。

9.3.4 驾驶员相符率100%,计算方法按A.4。

9.3.5 营运车辆保险购买合格率100%,计算方法按A.5。

9.3.6 乘客有效投诉率小于百万分之二十,计算方法按A.6。

9.3.7 乘客投诉处理率100%,计算方法按A.7。

9.3.8 乘客服务评价不满意率小于20%,计算方法按A.8。

9.3.9 第三方调查乘客满意率不小于80%,计算方法按A.9。

9.3.10 车载卫星定位系统合格率、车容车貌合格率、致人死亡同等责任及以上交通事故次数、致人受伤同等责任及以上交通事故次数、交通责任事故次数、交通违法行为次数指标及计算方法应符合GB/T 22485的相关要求。

附 录 A
(规范性附录)
服务评价指标计算方法

A.1 预约响应率

网络服务平台推送订单数量与有效订单总数量之比,见式(A.1):

$$A_1 = \frac{B_1}{C} \times 100\% \qquad (A.1)$$

式中:A_1——预约响应率;

B_1——网络服务平台推送订单数量;

C——有效订单总数量。

A.2 约车成功率

约车成功订单数量与有效订单总数量之比,见式(A.2):

$$A_2 = \frac{B_2}{C} \times 100\% \qquad (A.2)$$

式中:A_2——约车成功率;

B_2——约车成功订单数量。

A.3 车辆相符率

线下取得《网络预约出租汽车运输证》的车辆与线上提供服务的车辆一致的数量与检查总车数之比,见式(A.3):

$$A_3 = \frac{B_3}{D} \times 100\% \qquad (A.3)$$

式中:A_3——车辆相符率;

B_3——线下取得《网络预约出租汽车运输证》的车辆与线上提供服务的车辆一致的数量;

D——检查总车数。

A.4 驾驶员相符率

线下拥有《网络预约出租汽车驾驶员证》的驾驶员与线上提供服务的驾驶员一致的数量与检查总人数之比,见式(A.4):

$$A_4 = \frac{B_4}{E} \times 100\% \qquad (A.4)$$

式中:A_4——驾驶员相符率;

B_4——线下拥有《网络预约出租汽车驾驶员证》的驾驶员与线上提供服务的驾驶员一致的数量;

E——检查总人数。

A.5 营运车辆保险购买合格率

营运保险购买合格车数与检查总车数之比,见式(A.5):

$$A_5 = \frac{B_5}{F} \times 100\% \tag{A.5}$$

式中：A_5——营运车辆保险购买合格率；

B_5——营运保险购买合格车数；

F——营运保险购买检查总车数。

A.6　乘客有效投诉率

乘客有效投诉次数与营运次数之比，见式（A.6）：

$$A_6 = \frac{B_6}{G} \times 100\% \tag{A.6}$$

式中：A_6——乘客有效投诉率；

B_6——乘客有效投诉次数；

G——营运次数。

A.7　乘客投诉处理率

已处理的乘客有效投诉次数与有效投诉次数之比，见式（A.7）：

$$A_7 = \frac{B_7}{H} \times 100\% \tag{A.7}$$

式中：A_7——乘客投诉处理率；

B_7——已处理的乘客有效投诉次数；

H——有效投诉次数。

A.8　乘客服务评价不满意率

乘客服务评价中，评价不满意人数与评价总人数之比，见式（A.8）：

$$A_8 = \frac{B_8}{I} \times 100\% \tag{A.8}$$

式中：A_8——乘客服务评价不满意率；

B_8——评价不满意人数；

I——评价总人数。

A.9　第三方调查乘客满意率

按第三方设计的乘客满意率调查问卷，答复满意人数与调查总人数之比，见式（A.9）：

$$A_9 = \frac{B_9}{J} \times 100\% \tag{A.9}$$

式中：A_9——第三方调查乘客满意率；

B_9——答复满意人数；

J——调查总人数。

3.《巡游出租汽车运营服务规范》(JT/T 1069—2016)

巡游出租汽车运营服务规范(JT/T 1069—2016)

1 范围

本标准规定了巡游出租汽车经营者、服务人员、车辆、服务站点、运营服务及服务评价与投诉处理的要求。

本标准适用于巡游出租汽车旅客运输服务。

2 规范性引用文件

下列文件对于本文件的应用是必不可少的。凡是注日期的引用文件,仅注日期的版本适用于本文件。凡是不注日期的引用文件,其最新版本(包括所有的修改单)适用于本文件。

GB/T 10001.1 公共信息图形符号 第1部分:通用符号

GB/T 22485 出租汽车运营服务规范

JJG 517 出租汽车计价器检定规程

3 术语和定义

GB/T 22485 确定的以及下列术语和定义适用于本文件。

3.1

巡游出租汽车运营服务 cruising taxi operation service

可在道路上巡游揽客、站点候客,喷涂、安装巡游出租汽车标识,以七座及以下乘用车和驾驶劳务为乘客提供出行服务,并按照乘客意愿行驶,根据行驶里程和时间计费的经营活动。

3.2

巡游出租汽车经营者 cruising taxi business entities

依法取得巡游出租汽车客运经营资格、提供巡游出租汽车运营服务的企业或个人。

3.3

巡游出租汽车车辆 cruising taxi

依法取得《巡游出租汽车运输证》的车辆。

3.4

巡游出租汽车驾驶员 cruising taxi driver

依法取得《巡游出租汽车驾驶员证》的驾驶员。

3.5

巡游出租汽车服务人员　cruising taxi service personnel（agent）

直接或间接为乘客提供巡游出租汽车运营服务的人员。

注：通常包括巡游出租汽车驾驶员、站点服务、电召服务、客服等人员。

3.6

巡游出租汽车电召服务　on-call cruising taxi service

根据乘客通过电信、互联网等方式提出的服务需求，按照约定时间和地点提供的巡游出租汽车运营服务。

3.7

巡游出租汽车服务站点　cruising taxi service sites

有明显标志，允许巡游出租汽车停靠、候客、载客的场所。

3.8

待租　for hire

巡游出租汽车可提供载客服务的状态，运营标志显示“空车”字样。

3.9

暂停运营　out of service

巡游出租汽车不提供载客服务的状态，运营标志显示“暂停”字样。

3.10

议价　negotiate price

巡游出租汽车驾驶员与乘客协商收费的行为。

3.11

拒载　refuse to take passenger

在待租状态下，巡游出租汽车驾驶员在得知乘客去向后，拒绝提供服务的行为；或者巡游出租汽车驾驶员未按承诺提供电召服务的行为。

4　巡游出租汽车经营者

4.1　巡游出租汽车经营者（简称经营者）的总体要求应符合 GB/T 22485 的相关规定。

4.2　应定期组织巡游出租汽车驾驶员（简称驾驶员）的安全、服务培训，增强驾驶员安全意识，提高运营服务质量。

4.3　应建立巡游出租汽车车辆（简称车辆）定期检查、维护制度，保证车辆技术状况良好、性能可靠。

4.4　宜建立车辆和乘客保险制度，提高安全事故责任承担能力。

4.5　宜主动公开服务标准和质量承诺，加强安全、诚信、优质服务品牌建设。

4.6　宜通过互联网技术提供巡游出租汽车电召服务、实现乘客电子支付以及服务质量评价，提升服务品质。

5　巡游出租汽车服务人员

5.1　巡游出租汽车服务人员（简称服务人员）业务素质、服务仪容、服务用语和言行举止等应符合 GB/T 22485 的相关要求。

5.2 巡游出租汽车服务站点(简称服务站点)服务人员应按次序调派车辆,引导乘客有序乘车。

6 车辆

6.1 基本要求

6.1.1 车辆的技术条件、维护、检测、诊断、污染物排放限值和内饰材料等基本要求,以及车容车貌应符合 GB/T 22485 的相关要求。

6.1.2 车辆应按规定配置顶灯、运营状态标志、计程计价设备,以及具有行驶记录功能的车载卫星定位装置、安全防范设施和消防器材等。

6.2 专用设施要求

6.2.1 顶灯应与运营状态标志联动,夜间应有照明。顶灯应有中英文"出租汽车"字样。

6.2.2 计程计价设备安装位置应方便乘客查看,数字显示清晰,发票打印清晰准确。计量性能应符合 JJG 517 的规定。

6.2.3 安全防范设施应具备防劫防盗、应急报警等功能,应急报警装置宜实现与车载卫星定位系统联动。

6.2.4 刷卡消费设备功能正常、有效,宜推广使用符合金融标准的非现金支付方式。

6.3 服务标志要求

6.3.1 车身颜色及喷涂式样应符合当地出租汽车行政主管部门规定。

6.3.2 运营状态标志应大小适宜、显示明亮、字迹清楚,易于乘客识别。

6.3.3 经营者名称或简称、价格标准、服务监督电话和乘客须知信息等应在车厢内外显著位置明示。

6.3.4 《巡游出租汽车运输证》、《巡游出租汽车驾驶员证》、服务监督卡(牌)等按规定要求携带、摆放。

6.3.5 无障碍出租汽车应设有专用标志。

7 服务站点

7.1 宜在机场、火车站、汽车客运站、港口、公共交通枢纽等客流集散地及商业、医院、旅游景点和密集的居民社区等公共场所设置服务站点。

7.2 平面布局便于有序排队乘车与车辆停放。

7.3 设置统一式样的文字标志、导向标志。标志设置应明显清晰,宜有中英文。标志应符合 GB/T 10001.1 的有关规定。

8 运营服务

8.1 运营服务及行车安全应符合 GB/T 22485 的相关要求。

8.2 运营前应检查计程计价设备、车载卫星定位装置是否正常。设备发生故障时,应送检报修,不得继续运营。

8.3 运营服务全程不得拒载、绕路、甩客,不得议价(包车服务和当地出租汽车行政主管部门制定的其他规定除外)。

8.4 提供巡游出租汽车电召服务:

——宜提供24h不间断信息服务;

——通过电信方式开展电召服务的,宜使用95128出租汽车约车服务号码;

——应及时发布乘客服务需求信息,驾驶员可根据自身情况确定是否提供相应服务;

——收取电召服务费应符合当地出租汽车运价管理相关规定;

——电召服务信息应进行全程记录,并根据当地出租汽车行政主管部门的具体要求提供电召服务信息。

8.5 在机场、火车站等设立统一出租汽车调度服务站点或实行排队候客的场所,驾驶员应服从调度指挥,按顺序排队候客,不得通过电召方式在排队候客区揽客。

8.6 乘客上车前,不得询问目的地。

8.7 乘客上车后,问清或核实目的地,选择合理路线,按规定开始使用计程计价设备。

8.8 因车辆或驾驶员原因造成车辆停驶时,应暂停计费。

8.9 到达目的地后,应在允许停车路段就近靠路边停车,终止计费。

8.10 按计程计价设备显示金额及相关规定收费,并出具出租汽车发票。

8.11 乘客要求去偏远、冷僻地区或者夜间要求驶出省、市、县境时,应按规定办理验证登记手续。

8.12 遇下列情形,驾驶员可拒绝提供运营服务:

——乘客在禁止停车的路段扬手招车的;

——乘客要求去偏远、冷僻地区或者夜间驶出省、市、县境而不按规定办理验证登记手续的。

8.13 因交接班、车辆故障、驾驶员用餐或休息等原因不能提供巡游出租汽车运营服务时,应使用暂停运营标志。

9 服务评价与投诉处理

9.1 基本要求

9.1.1 经营者和驾驶员应保证服务质量统计数据和原始记录真实、准确,接受当地出租汽车行政主管部门的服务质量信誉考核。

9.1.2 经营者应自觉接受社会监督,按规定设置服务监督机构、公布服务监督电话。接到乘客投诉后,应在24h内处理,10日内处理完毕,并将处理结果告知乘客。

9.1.3 经营者应开展服务质量评价,不断提升服务水平。

9.2 服务评价指标

9.2.1 车辆服务标志设置合格率100%,计算方法按A.1。

9.2.2 顶灯、计程计价设备合格率100% ,计算方法按A.2。

9.2.3 车载卫星定位系统合格率、车容车貌合格率、驾驶员仪容和行为举止合格率、乘客有效投诉率、乘客投诉处理率、乘客满意率、致人死亡同等责任及以上交通事故次数、致人受伤同等责任及以上交通事故次数、交通责任事故次数、交通违法行为次数指标及计算方法符合GB/T 22485有关要求。

附　录　A
(规范性附录)
服务评价指标计算方法

A.1　车辆服务标志设置合格率

车辆服务标志检查合格车数与车辆服务标志检查总车数之比,见式(A.1):

$$A_1 = \frac{B_1}{C} \times 100\% \qquad (A.1)$$

式中:A_1——车辆服务标志设置合格率;

B_1——车辆服务标志检查合格车数;

C——车辆服务标志检查总车数。

A.2　顶灯、计程计价设备合格率

顶灯、计程计价设备检查合格车数与顶灯、计程计价设备检查总车数之比,见式(A.2):

$$A_2 = \frac{B_2}{D} \times 100\% \qquad (A.2)$$

式中:A_2——顶灯、计程计价设备合格率;

B_2——顶灯、计程计价设备检查合格车数;

D——顶灯、计程计价设备检查总车数。